U0594115

体育教学思维创新与运动实践研究

汤 凯 韩晓虎 陈 阳◎著

中国国际广播出版社

图书在版编目（CIP）数据

体育教学思维创新与运动实践研究 / 汤凯，韩晓虎，陈阳著. --北京：中国国际广播出版社，2024.8.

ISBN 978-7-5078-5616-3

Ⅰ. G807.01

中国国家版本馆 CIP 数据核字第 2024L76B92 号

体育教学思维创新与运动实践研究

著　　者　汤　凯　韩晓虎　陈　阳

责任编辑　韩　蕊

校　　对　张　娜

版式设计　邢秀娟

封面设计　豫燕川

出版发行　中国国际广播出版社有限公司 ［010－89508207（传真）］

社　　址　北京市丰台区榴乡路 88 号石榴中心 2 号楼 1701

　　　　　邮编：100079

印　　刷　北京启航东方印刷有限公司

开　　本　787×1092　　1/16

字　　数　160 千字

印　　张　12

版　　次　2024 年 8 月　北京第一版

印　　次　2024 年 8 月　第一次印刷

定　　价　58.00 元

前　言

　　体育课程是学校进行体育教学的基本组织形式，是学校开展体育工作的基础。体育教学的质量直接影响着学校体育工作的质量。通过体育教学，教师对学生进行思想上的教育并向学生传授体育理论知识，让学生学习运动知识，掌握运动技能，从而加深学生对体育锻炼意义的认识，培养学生对体育运动的兴趣和爱好，使他们在体育课程的学习中学会科学锻炼身体的方法，养成锻炼身体的良好习惯。

　　近年来，随着体育教学改革的不断深入，人们越来越注重对体育教学的研究。体育教学是一项系统的教学工作，需要全体师生的共同努力。教师要以身作则，注重教学方法的创新和教学内容的更新，激发学生的学习兴趣和参与热情；学生要积极参与体育运动，充分利用体育教学资源，努力提高自己的体育水平并增强自身健康意识。

　　本书在撰写过程中，参阅了大量文献和专著，在此向其作者表示感谢。鉴于笔者学识有限，书中难免存在疏漏与不够严谨之处，敬请各位专家和读者批评指正。

目 录

第一章　体育教学概述

第一节　体育教学的概念与特点

一、体育教学的内涵

体育的教学方式并不是固定不变的，它是一个不断变化的过程，这个过程涵盖了知识和技巧的传授。随着体育教学进入不同的发展阶段，体育教学的定义和角色都因其多重的影响和作用而持续地经历变革。经历多年演变之后，目前的体育教学内容主要涵盖以下 3 个方面。

（一）体育教学是一门学科

体育教学体系由多个核心组成部分构成，包括但不限于教学目标、教学内容、教学手段、教学模式以及教学评估等方面。体育教育的核心目标是增强学生的体能，提升学生的身体健康，促进学生的身心健康。这是一门与德、智、美、劳相结合的独特课程，旨在全方位地促进学生的身心成长。在体育教学中，课程教学是最主要的教学组织方式。体育课程教学的目的是达到预定的教学目标，同时促进学生在德、智、美、劳各方面的发展，特别强调提高学生的体能和促进他们的身心健康。通过上述定义，我们明确了学习体育活动所需的知识和技巧，但对于学生在体育活动中的体验、情感反应以及他们在社会中的适应能力的关注仍然相对较少。

（二）体育教学是教育的组成部分

体育教学是在体育教师的引导下进行的，它从运动科学、生物学、教育学、运动心理学、运动保健学和社会学等多个学科中汲取知识的精髓，并在体育和健康方面进行有计划、有组织、有目标的身体练习。这种活动与德、智、美、劳等方面的培养相互配合，共同推动学生身心的全面发展。尽管在运动技能方面没有明确的标准，但体育活动和体育训练的教育都可以帮助学生在身体和心灵上得到锻炼和培育，这也构成了素质教育的核心理念和手段。

（三）体育教学是活动

体育教学主要涉及有组织、有计划、有目标的体育活动的组合。一些学者认为，现代体育教育的目的是让学生在身体、运动认知、运动技巧、情感和社会各方面能够和谐发展，这是一种有计划、有组织的活动。因此，在实际的教学过程中，仅仅让学生掌握课本中的理论知识是不够的。体育教学应基于学生的实际运动技能学习，并进行动作技能的体育活动。为了达到预定的教学标准，学生需要积累体育的感受和体验，只有通过这种身体的感知和体验，他们才能真正地学习和掌握技术动作。

二、体育教学的特点

体育教学与其他学科的教学在某些方面有相似之处，同时也存在许多显著的差异。从教学的本质角度来看，体育教学与其他学科的教学有几个主要的相似之处。

首先，体育教学实质上是教师与学生之间的互动和交流。在体育教学活动中，教师和学生是双向互动的，与其他学科的教学活动一样，都展现出强烈的互动性，这使得教师和学生之间建立了双向的交流关系。学生在课堂上的行为和决策都是公开透明的，教师的指导会对所有学生产生不同程度的影响，教师的教学方法和学生的学习方法是课堂教学中对立又统一的重要体现。

其次，体育教学和其他学科的教学一样，班级授课制度是一种普遍存在的教学模式。体育课的组织结构与其他课程相似，通常是由自然班级组成，但也存在一些情况，如在大学体育课的选修课中，每个班级的成员并不完全是自然班级，有的学生来自同一学院或专业，而有的学生来自同一学院的不同专业，甚至有的学生来自不同的学院或专业，他们可能在同一时间参加体育课。这种情况的出现是受到高等教育体育教学特性的影响，尽管已经打破了传统的自然班模式，但在实际的教学过程中，仍然可以看到班级教学的独特性。在一个学期的体育课堂教学中，班级授课制的显著特征是班级内的学生人数相对稳定，并且他们在年龄、生理基础和技能水平上基本保持在一个相同的水平。

最后，体育教育的核心目标是教授相关的知识与技巧，这与教育领域传授知识的理念是一致的。从一方面看，与文化学科相比，绝大多数的学生都对体育课有浓厚的兴趣并愿意参与，同时学校对体育课的标准也变得更为严格和细致。从另一方面看，众所周知，参与体育活动对于身体和心灵的成长都有积极的推动作用，尤其在智力发展上有着独特的价值。

因此，体育教育为"知识与技能"的传递提供了一种特殊的途径。与此不同，体育教学所传递的核心是体育的文化传统。[①] 考虑到体育教学的特性，并与其他学科的教学方法进行比较，我们可以概括出体育教学的核心特征。接下来，我们将详细描述体育教学的独特之处。

（一）师生身体活动的频繁性

在体育教学活动中，身体知识是基于人体的持续思考、操作和实践产生的，因此体育教师需要在教学过程中多次展示、反馈和指导技术动作。学生则需要树立正确的态度，集中精力进行观察，然后尝试和体验身体动作。如果不是通过直接的实践和身体锻炼，就不可能掌握相关的技术和技能。因此，在体育课程的教学实践中，教师和学生之间进行身体动作的教学是一种普遍现象，在其他学科的教学实践中则相对罕见。

---

① 杨景元，董奎，李文兰. 体育教学管理与教学现状 ［M］. 长春：吉林人民出版社，2018.

在大多数情况下，其他学科的课程都是在室内完成的，因此需要一个宁静而和谐的课堂环境，这样才能有效激发学生的思考能力并产生积极的学习效果；在体育教学中，情况恰恰相反。学生在活动中不仅进行了激烈的身体锻炼，还适当地表达了自己的情感和情绪。这些都是体育活动的外在表现，不仅丰富了体育文化，还直观地展示了体育活动中积极和阳光的一面。

（二）传承运动知识的操作性

体育运动的知识与其他学科有着显著的区别，它是关于"身体"的知识，这种身体知识对于学生的自我认知起到了至关重要的作用，因此其重要性应当受到充分的关注。身体知识实质上是一种与人类自我感觉相结合的知识体系。在人类的发展历程中，这一领域的理论代表了一种独特的知识形态，它反映了人们从对外部自然知识的追求转向对人体内部知识的追求，也是人类在面对自我、人体和自身时所遭遇的一种挑战。在现代社会，各个教育层次的学校都高度重视学生主体性和个性的培养。这种对人类自我知识的追求不仅凸显了体育教学的独特性，还体现了体育教学知识传承的特殊目标和根本意义。我们有充分的信心相信，在将来，这种类型的知识将会得到大多数教育工作者的认可和接纳，并将在人类身心健康的具体研究中得到广泛应用。

（三）学生身心合一的统一性

体育在改变人的自然属性方面，不只是外部结构与生理功能的融合，更是身体与心灵的和谐统一。在进行体育教学时，我们不仅要继承体育文化，还需要改变学生的身体结构，并加强对他们心理和社会适应能力的培养。体育教学和其他学科的智育教学所处的环境是不同的，体育教学创造了一种可以直观感受的教学环境，这些直观、生动、形象、情感丰富的教学情境对学生的心理和社会适应能力的健康发展起到了促进作用。

因此，在体育教学过程中，身心的全面发展是一致的，这与辩证唯物论的哲学理念是一致的。身体的成长为体育教学提供了坚实的基础，而心理的进步则是基于身体的成长，同时，心理的成长也在推动身体的进步。在体育教学过程中，身心融合的统一性主要在以下 3 个关键领域得到体现。

第一，在体育教学过程中，教师在选择教学方法时必须充分考虑学生的个体特点和身心发展规律，以确保学生在一定的运动负荷要求下，能够在进行身体锻炼和调整休息的同时，实现身心的全面发展。当人体开始进行体育活动时，生理功能的状态会发生改变，各个器官开始正常运作，如果能长时间保持这种状态，那么运动能力将会得到进一步的增强。当发展达到某个阶段，它会被固定一段时期，当身体内积累了大量的代谢物质，例如糖原等，这些物质被过度消耗后，身体的运动能力会相应地减弱。在体育课程的教学过程中，教师科学地分配了运动负荷和调整休息时间，因此学生的生理机能的变化并不是线性的，而是呈现出波峰和波谷的曲线。

第二，在体育教学内容的选择上，我们不仅要重视对学生身体各部分和系统、各种运动技能和身体素质的积极提升，还须重视对学生心理健康和社会适应性的培育，确保其满足心理学、体育美学和社会学的标准。

第三，体育教育应当与学生的年龄和心理需求相匹配。由于学生的身心还在成长和发展的过程中，他们的心理状态很容易发生变化和波动，这些在思维、情感和意志等多个方面的变动可能会对他们在动作技巧和体育技能方面的学习产生不良影响。这种生理和心理上的波动曲线展示了体育教学中明显的节奏特点。

因此，体育教师需要根据学生的心理特点，对教学进行全面的设计和组织，在促进学生身心发展的同时，也要培养学生对体育的积极性、对体育项目的兴趣，使体育教学能够更加有效地发挥其功能。

（四）教学内容的审美情感性

体育具有艺术性和审美价值，在体育教学过程中，这种美学主要体现在教师和学生在运动中所展示的身体美感和运动美感上。通过体育锻炼，学生可以使自己的身体更加美观，形成身体各部分的线条之美、身体比例的对称之美，在运动过程中展示人体结构的美，这些都是体育活动的外在美。再者，体育教育也展现了人类对自我挑战的精神魅力，即内心的美好。为了实现运动学习的目标，我们需要在运动过程中克服身体和精神上的障碍；在体育活动中，我们可以看到谦逊、尊重等高尚的道德品质，这些都是美的体现。体育教学活动不仅体现了体育活动的外在美和内在美，还展示了教学内容的审美价值。

每个运动项目都有其独特的审美和美学标志。例如，球类运动不仅展示了人们的运动才能和天赋，还要求参与者具备团队协作、相互配合和相互帮助的人际交往能力；田径比赛更多地展示了人类的力量和速度，以及永不放弃、勇往直前的豪情壮志；健美操这一项目所呈现的，包括柔韧性、灵活性、艺术性以及柔和、婉约之美。

经过长时间的实践和发展，人们在体育领域的各种知识和技巧已经通过不断地积累得到了实际应用和进一步的提升。首先，体育教师需要经过长时间的反思和总结，将这些知识准确地传达给学生，使他们能够深入体验和感受，从中获得美的启示。培养他们的情操，净化他们的心灵，并促进他们身心的和谐成长。其次，教学不仅是一种教学活动，更是一种思维创新的社会行为。在这样一个由师生共同营造的和谐课堂环境中，人们能够深刻感受到意境的触动和精神层面的影响，从而深刻体验到体育的美妙之处。在体育教学过程中，教师和学生之间的联系形成了教与学的和谐统一。当教师在教授知识时，教师与学生之间的情感互动也是非常丰富的。

（五）教学过程的直观性和形象性

在体育教学活动中，直观性和形象性得到了明确的体现。更明确地说，当教师进行动作讲解时，他们的声音应该既响亮又清晰。他们需要用生动、形象且容易理解的方式来描述动作技巧，将所要传达的知识进行艺术性的处理，并将复杂的技术动作解释得更为形象和易懂，这样学生才能更深入地理解和记忆这些动作。

体育教师在进行动作演示时，采用了独特的方法，他们需要通过形象直观的动作来进行示范，具体的示范方式包括教师直接示范、优秀学生的示范、正误动作对比示范、教学模具示例、人体模型实例和动作图解等。这样可以帮助学生通过感官建立对动作的基础意识，并建立正确、清晰的运动表象。学生可以通过多种途径和媒介来观察正确的动作示范，这样不仅可以获得生动的视觉效果，还可以激发他们的思维，从而更好地掌握体育知识、技术和技能，同时也能培养他们的观察能力和形象思维能力。此外，体育教学的组织和管理方式也展现出了其直观和形象的特点。

在体育教学过程中，学生的每一个动作和外观都是显而易见的，这使得教师能够清晰地观察到；教师在课堂上的每一个动作，学生们也能清晰地看到。因此，体育教师需要对自己的行为和言论进行自我约束，起到示范和指导的作用，对学生的行为产生深远的教育影响；学生在课堂上的表现往往是直观和真实的，尤其是在他们学习动作的过程中，所展现出的行为都是真挚的情感流露。这种信息是教师需要密切关注和收集的，通过观察、反馈和指导，可以帮助学生持续进步。直观性和形象性是体育教育中的核心理念，只有坚守这两个原则，学生才能更深入地理解内容并更迅速地掌握知识。

（六）客观外界条件的制约性

体育教学的一个显著特点是，教学效果很容易受到外部因素的影响，如学生的体育基础、体质、性别、年龄、生理和心理状态，以及天气、运动场所和设备等的影响。这些因素在不同的层次上都会对体育教学的效果产生不同程度的影响。

从体育教育的视角看，体育教学的执行必须展现出教育的全面性。除了要根据学生的运动基础进行差异化处理外，还需要全面考虑学生的年龄、性别、生理和心理特征等。鉴于男性和女性学生在身体结构、运动能力、身体机能以及运动功能等多个方面存在显著差异，教师在进行教学设计、设定教学标准和组织教学活动时，应根据学生的性别特点进行适当的区分。如果我们忽视了学生之间的差异，并在组织结构、方法和内容上做出盲目的选择，那么不仅无法达到增强体质和培养身心的目的，还可能增加学生的运动负担，导致运动疲劳。

从体育教学环境的视角来看，大部分体育课都是在户外进行的，而在这样的环境下，会受到多种客观因素的影响，包括天气、气温、气候和噪声等。另外，当学生在户外感到新奇时，他们的心理状态会变得更为放松，这样的环境可能导致学生注意力分散，还存在一些难以预测的变数。另外，体育教学对于场地和器材设备的需求也构成了体育课程中一个相当特殊的方面。因此，在制订教学计划时，从选择教材到实施教学组织方法，从一个学期的教学计划到每个课时的具体计划，必须考虑这些客观的实际情况和影响因素，排除所有干扰因素，提高体育教学的质量和效果。同时，也要克服严寒、酷暑、风雾雨雪等不利条件，培养学生坚持不懈、战胜自我的精神。

第二节　体育教学的本质与功能

一、体育教育的本质

从深层次来看，体育教育的本质是由体育本身的特性所决定的。体育的核心属性是"增强体质、增进健康"，而身心健康则是人的全面发展的关键组成部分，体育在推动人的全面发展方面发挥着极其重要的作用。此外，我们对构成体育教育的各个教育环节进行了深入的了解，广义上的教育是指所有有针对性地影响人们身心成长的社会实践活动。狭义上的教育是指有组织地教育，也就是学校教育。它不仅涵盖了全日制学校教育，还包括非全日制学校教育、函授教育和成人教育等。这种教育方式是根据特定社会的实际情况和未来需求，遵循年轻人的身心发展规律，有目的、有计划、有组织、有系统地引导受教育者获取知识技能，培养思想品德，发展智力和体力的一种活动，目的是将受教育者培养成能够适应特定社会（或特定阶级）的需求，并推动社会发展的人。接下来，我们将深入探索体育教育的真正含义。

（一）体育教育促进人全面发展的特性

基于马克思主义的教育观点，体育被视为全面教育发展的核心部分。体育教育构成了人的全面发展教育体系中的一个重要环节。体育教育以学生的身体活动（即运动）为核心特点，与学校的德育和智育过程有所不同，主要是通过身体教育或从身体教育的视角来促进马克思历史观点中关于人的全面成长。

（二）体育教育的社会制约性和服务性

观察体育教育的起源和演变，我们可以看到体育教育在某种程度上受到社会政治经济的影响和限制，并致力于为特定社会的政治经济做出贡献。全球各国高度重视现代的体育教育。在过去的几年中，众多国家都对体育教学大纲进行了修订和补充，强化并改进了体育教育，提升了体育教育的重要性，强化了体育教师队伍的建设，并投入了大量的物资来推动体育教育的进步。我国政府与社会都高度重视并大力支持体育教育的发展。

尽管社会经济的进步在某种程度上可能会限制体育教育的成长，但一个健康的社会经济环境可以为体育教育创造一个有利的成长环境，进而推动其向更健康的方向发展。体育教育的持续发展将为社会培育出在德、智、体、美、劳各方面均衡发展的人才，进而为社会经济增长提供卓越的支持，因此，这两者之间存在着互补和不可替代的关系。

（三）体育教育研究的多维体育观和方法论

通过体育教育手段，我们致力于培育身体健壮、意志坚定、能够适应现代社会竞争环境并具备全面素质的现代人才。为了为体育教育提供坚实的理论基础，我们需要从多个角度出发，并采用不同的研究方法。体育教育的核心理念应当从生物学、社会学、心理学和人体科学等多个维度进行深入研究，其核心理论应当是全方位的、系统的、多方面的和多维度的。现代体育教育的进步已经充分体现了其多方面的功能。随着社会的不断进步和发展，我们需要不断更新我们的观念，不断提升研究方法和技能，并从多个角度分析和研究体育教育，这样才能使体育教育不断适应社会发展的需求，并推动体育教育的改革和发展。①

二、体育教育的功能

（一）体育教育的本质功能

根据体育教育的本质特征，体育教育的本质功能包括健身功能、健心功能、教育功能。

1. 体育教育的健身功能

（1）提高人体心血管系统的机能

参与体育活动能够促进心肌细胞内蛋白质的合成，使心肌纤维变得更强壮，进而增强心肌的收缩能力，提高心脏每次心跳的输出量，从而提高心脏的血液供应能力。

参与体育活动有助于提高血管壁的弹性，进而预防或减轻因血管壁退化导致的各种疾病，例如退行性高血压等。

参与体育活动能够增强人体毛细血管的开放性，进而促进血液与组织液之间的快速交换，从而提升身体新陈代谢的效率。

参与体育活动能有效减少血液中的血脂（如胆固醇、蛋白质、三酰甘油等），进而有助于预防冠状动脉心脏病、高血压和动脉粥状硬化等相关疾病。

（2）增强人体呼吸系统的机能

经常参与体育活动，尤其是进行一些有氧耐力的运动，例如长跑、游泳等，可以增强呼吸肌的力量，促进肺组织的生长发育，从而提高肺活量。另外，定期进行深层呼吸活动也有助于提升人体的肺活量。

---

① 安基华，李博士. 体育教学理论与实证研究［M］. 长春：吉林人民出版社，2019.

参加体育运动后，由于增大了呼吸肌的力量，从而使呼吸深度增加，提高了肺的通气效率，从而提高氧从肺进入血液的能力。

（3）促进人体骨骼和肌肉的生长发育

从人类诞生到成年，这是一个持续的成长和发展过程，其中，骨骼和肌肉的成长与发展是人类成长和发展的主要部分。参与体育锻炼有助于骨骼和肌肉的健康成长。人类身高的增长主要归因于长骨骺软骨的持续增生，一旦骨化过程完成，身高就不会有进一步的增长。

在青少年的成长阶段，通过为他们提供体育教育和各种体育活动，尤其是跳跃和牵拉等运动，可以有效刺激骨骼中骺软骨的增生和分裂，进而有助于青少年身高的提升。除此之外，参与体育活动还有助于增加骨骼的密度，同时也能提升骨骼对压力和弯曲的抵抗能力。定期参与体育活动可以提高人体内氧化酶的浓度和线粒体的数量，这有助于提升人体肌肉的有氧代谢水平，增强肌肉的能量利用能力，从而更有效地为机体提供能量。简言之，当青少年参与体育活动时，他们的骨骼和肌肉能够得到健康的成长和发展；通过参与体育活动，成年人能够维持骨骼的硬度与韧性，增强肌肉的力量与柔韧性，进而保持健康。

2. 体育教育促进心理健康的功能

参与体育活动有助于调整个体的心理状况，并有助于维护心理健康。尽管现代社会极大地丰富了人们的物质生活，但人们的精神生活仍然无法得到充分的满足。快节奏的生活和高压力的竞争导致人们在精神和心理上出现了一些问题，例如抑郁、焦虑、感情淡漠等。在青少年这一特定群体里，诸如恋爱失败、升学考试的压力以及找工作的压力等因素都对他们产生了各种心理影响，而心理健康在维护个体健康方面起着至关重要的作用。

参与体育活动有助于调整个体的心理状况，并进一步促进其心理健康，主要表现在以下几个方面。参与体育活动能够激发人体生成一定量的内啡肽，不仅有助于调整体温、心血管系统和呼吸功能，还能有效调整人们的不良情绪，提振精神，缓解抑郁症状，从而使人的身心状态保持在一个轻松和愉悦的状态中。此外，参与体育活动能够增进人与人之间的情感纽带，尤其是集体活动，有助于培养团队合作的精神，并缓解人们的孤独和抑郁情绪。参与体育活动不仅可以增强自信，例如在比赛中的决定性一击或在场上扮演关键角色，还能帮助人们重新审视和认识自己。总体来说，参与体育活动是一种非常有效的心理调适方式，有助于促进人们的心理健康状况。

3. 体育教育的教育功能

作为一种教育活动，体育教育对人的教育功能是其本质功能之一，主要体现在以下 4 个方面。

（1）教会学生基本的生活能力

很多学生缺少基本的生活技能，这些可以通过后天的学习和培训来掌握，其中体育教育被认为是最优选择。体育老师从我们小时候起就教导我们如何正确地站立、行走和跑步，这为我们未来的生活奠定了稳固的基石，这也是人们最初的期望，从这个视角看，体育教育是绝对必要的。

（2）传递体育知识和文化

体育活动是在人类的日常生活和生产中逐渐发展起来的一种文化现象，它是一笔珍贵的文化财富，因此，有必要通过特定的活动来传播这一文化遗产，体育教育无疑是肩负这一重任的最佳助手。通过参与体育教育活动，人们不仅能够掌握体育相关的知识和锻炼身体的各种方法，还能深刻地认识到体育在维护人体健康方面的重要性，进而促使人们培养出正确的体育观念，形成持续的体育活动习惯，并最终塑造健康的生活习惯。通过鼓励青少年参与体育赛事和观赏体育比赛，他们可以更深入地理解和认识体育的规则和文化，进而更好地传播体育文化。

（3）促进人的社会化

每个人不只是一个独立的自然人，同样也是社会中的一员，拥有深厚的社交属性。在经历了家庭教育、学校教育和社会教育的多重影响之后，人的社会属性逐步上升为首要属性，并逐步完成了个体的社会化过程。只有当每个人成功地融入社会，他们才能持续地满足社会的需求。众多学者均建议利用体育教育和体育活动来推动人们的社会融入。这是因为，无论是参与体育活动还是比赛，人们都必须严格遵循项目的各项规定和标准。在社会领域中，遵循规则意味着要严格按照法律法规和纪律行事。在体育竞赛中所强调的公平与正义，在日常生活中也体现为追求社会的公平与正义。在参加体育赛事时，与各种不同的人，例如队友、裁判和观众等进行互动是必要的。这些互动有助于人们更好地适应社会角色，并通过实际参与和体验来不断调整自己的行为模式。体育教育被视为一种极为有效的方式，有助于人们更好地融入社会。①

（4）进行爱国主义的教育

在进行体育教育活动时，如体育比赛这样的活动能够唤起人们的爱国之情，它是一种非常有效的爱国主义教育方式。在奥运会、世界杯等全球性大型比赛中，我们可以目睹运动员在赢得比赛后，身披国旗，在场地上绕行一圈的情景。这些场景都为观赛的年轻人传达了深厚的爱国之情，为他们提供了宝贵的爱国主义教育机会。

（二）体育教育的延伸功能

体育教育除了本质功能以外，还有一些延伸功能，主要包括娱乐功能和经济功能。

1. 娱乐功能

在体育教育的实践中，我们能够深刻体验到体育活动与休闲娱乐之间的深厚联系。体育活动在本质上融合了各种娱乐成分。在体育教育的过程中，很多为学生设计的体育游戏加入了娱乐元素。现代体育教育的范畴已经超越了传统意义上的体育课程。人们在空闲时参与体育教育活动，例如参与体育培训或获得健身建议，有助于缓解他们的紧张情绪，激发他们的快乐，并为他们带来娱乐效果。

2. 经济功能

体育教育在经济上的作用主要集中在以下几个关键领域。首先，通

---

① 金俊. 体育教学方法及教学技能探究［M］. 北京：研究出版社，2020.

过培训人们掌握体育技巧和参与体育活动，可以有效促进他们的身心健康，进而为国家和社会的健康事业做出贡献。只有当一个人具备健康的身体素质时，才有能力为社会带来价值，并产生经济和社会双重效益。这间接反映了体育教育在经济方面的功能。其次，现代社会已经建立了大量的体育教育和培训机构，这些机构通过培养青少年的体育技能来实现经济效益，这也是体育教育的一项重要经济功能。最后，体育教育能够培育出一群出色的竞技选手，而这些杰出的运动员有潜力成为体育领域的新星。

第二章　体育教学的优化、创新与改革

第一节　体育教学过程的优化与创新

一、体育教学过程概述

（一）体育教学过程的实质及其特点

1. 体育教学过程的实质

体育教学过程可以理解为体育教学的执行步骤或为实现体育教学目的所采取的教学流程。体育教学过程在本质上是体育教学过程中各种现象的内在属性和共同特点，这些因素共同决定了体育教学过程的存在，并推动了体育教学过程的进一步发展。[①] 对于这一问题，体育教学归纳起来主要有下列几种主要观点。

（1）认识：发展说

人们普遍认为，体育教学是一个有助于学生全方位成长的过程。库库什金在其著作《体育教育理论》中提出了这一观点，他坚信教学是一个促进学生身体全面发展的综合过程。科里亚科索夫斯基强调，教学过程的核心目标是用系统化的科学知识、运动技巧和方法来武装学生，旨在提升学生的身体素质和能力，并培养他们符合共产主义道德准则的行为模式。在教授运动技巧和方法时，学生的身体素质、意志力和性格都可以有序地进行培养和发展。显然，教育不只是教导学生如何掌握各种

---

① 温宇蓉，郭亚琼. 基于体质健康视角的体育教学优化创新研究 ［M］. 北京：中国书籍出版社，2022.

知识、技巧和方法，同时也是一个促进他们全方位成长的过程。体育教学的过程是一个从无知到不完全了解，再从不完全了解到完全掌握的认知过程。这也是一个促进身体成长、精通并提升运动技巧的旅程。

（2）认识：多质说

人们普遍认为，体育教学不仅是一个认知的过程，同时也是一个涉及多个目标、多个层次、多种形式和多个序列的复杂过程。我国学者刘清黎表示，从认识论的视角来看，体育教学的过程实际上是一种独特的知识获取方式；从结构论的视角来看，体育教学是一个多层次、动态变化的过程，它在传授体育知识和技术、发展体力的基础上，最大限度地培养能力、发展学生的智能和体能；从控制论和信息论的视角来看，体育教学的过程实际上是教与学之间信息交流和反馈的一种控制机制；从教育心理学的角度来看，体育教学是一个以学生的认知为基础的全面心理活动过程，同时也是一个以能力为核心的个性心理的统一培养、塑造和发展过程；从运动生理学和生物化学的视角来看，体育教学是一个遵循人体机能变化规律和人体运动适应规律的过程，旨在促进学生体能的全面发展；从社会学的视角出发，体育教育实际上是一个对学生进行思想道德培养和完善其个性的社会性教育活动。

（3）双边活动说

人们普遍认为，体育教学的过程实际上是教师授课与学生学习的双向互动。一些学者认为，体育教学是教师根据社会需求和学生的身心发展特点，有组织、有计划地指导学生积极主动地学习体育知识、掌握技术和锻炼身体的一种双向活动。体育教学过程描述的是体育教学在时间和空间上的连续执行和操作。这是一个过程，其中教师的"知识"被转化为学生的"知识"，并从单纯的知识转变为实际的能力，进而塑造出优秀的道德品质。

从对体育教学流程的前述理解中，我们可以观察到，研究人员对此问题的看法各不相同。有的是从教师的视角，有的是从学生的视角，还有的是从教学方法的视角；有些观点是从某一方面进行总结，而有些则是从一个更宏观的角度进行概述；有些人专注于分析教学过程的归属，而有些人则专注于分析教学过程的功能等方面。体育教学过程的核心属性是由其内在的矛盾和独特性所决定的，这使得体育教学过程与其他学科的教学过程有着明显的区别。因此，在理解体育教学过程时，我们应该从多个维度出发，从多种视角进行深入探索，确保体育教学中身体实践的独特性得到体现，这样体育教学过程的理论才能真正为体育教学实践提供指导。

体育教学过程可以定义为：在教师的主导下，学生以身体锻炼为核心，积极掌握体育保健的基础知识和技巧，为他们的终身体育生涯打下坚实的基础，并在此过程中全方位地发展自己的能力和个性。

2. 体育教学过程的特点

体育教学过程的独特性正是体育教学本质的明确展现。深入研究体育教学过程的独特性，不仅有助于我们深入理解体育教学的本质，还能为揭示其内在规律提供有力的支撑。目前普遍认为，体育的教学流程呈现出以下几个显著特征。

（1）运动实践性

体育教学过程是教师引导学生进行运动实践活动的过程，而运动实践性就是体育教学过程的一个重要特点，具体表现在：实践的目的具有特殊性，即为了让学生掌握体育知识、技术技能，培养运动能力；实践环境具有其独特性，也就是说，在一个开放的特定环境中，在教师的组织和指导下，根据体育教学目标的要求，有计划、有步骤地进行；体育教学的实践方法有其独特之处，它总是与学生的身体活动紧密相连，通过各种感知、模仿和练习来促进学生的身心和谐成长。

（2）社会交往性

在体育教学中，教师的指导和学生的学习是两个相互关联的过程。学生需要进行各种身体锻炼和活动，这不仅需要教师的指导和帮助，还需要学生之间的合作、帮助和评价，在客观上要求他们进行多方面的交流。在一些学科的教学活动中，师生之间的互动是主要的，但在体育教学中，学生间的互动和交流则更加重要。因此，体育教学过程中的人际关系曾被称为"课堂小社会"，即社会的浓缩。在体育教学中，人际关系和交往是社会性和生活性的表现，交往可以分为教师与学生、学生与学生、学生与集体等方面，只有在这种交往的基础上，体育教学才能得以展开。

（3）过程动态性

体育教学的进程在其驱动机制的影响下持续发展，这是一个从设定教学目标到进行教学评估的连续过程。体育教学过程的动态性主要体现在两个方面：首先，构成体育教学过程的各种因素是相互关联和相互影响的，它们并不是由一系列有时间顺序、有区别、固定不变的教学阶段组成的，而是处于一个不断变化但有一定规律可循的运动过程中；其次，体育教学的核心内容主要集中在经过精心挑选的身体锻炼上，而整个教学过程则侧重于通过运动实践来促进学生在身体和心理方面的全面发展。因此，在进行体育教学时，我们应该从动态发展的角度出发，来分析和解决教学过程中遇到的各种问题。

（4）组织复杂性

体育教学与学生的身心发展基础水平是紧密相连的，但学生在身心发展的基础上，确实存在一定的个体差异。因此，在体育教学过程中，除了要考虑男女生的性别差异外，还需要根据不同学生的个体差异，采用不同的组织形式和方法进行差异化教学，以更好地适应和满足学生的需求。在体育教学的过程中，学生经常处于不断变化和多样化的运动环境中。由于教学活动容易受到气候和周围环境因素的影响，组织和管理工作变得尤为复杂。因此，需要精心策划和认真组织教学活动，以确保组织结构、教学步骤和教学手段都具有高适应性。从一个角度看，高效的教学组织和策略是实现体育教学目的的关键保障。

（5）运动负荷适宜性

在体育教学的过程中，学生们通过进行各种身体锻炼，使得身体的各个系统（特别是神经系统、运动系统、心血管系统和呼吸系统等）都能积极地参与其中，从而提升了整体机能的活动能力。因此，学生的身体需要承受合适的生理压力，这虽然会导致身体疲惫，但是能促进身体的新陈代谢过程。这正是学生在体育教学中能够促进身体健康和发展的生物学基础。也就是说，只有让身体适应一定的生理和心理上的刺激，并持续进行适当的锻炼，才能有效地促进身体的健康发展。这也引发了体育教学过程中关于运动负荷的理论和实践问题。

（二）体育教学过程的构成因素

1. 体育教学过程的基本阶段

一个完备的体育教学流程是一个持续变化的系统，它经历了多个不同的发展时期，每个时期都有其特定的持续时长和固有的发展模式。只有深入了解构成体育教学的各个环节，我们才能对体育教学有更深入的了解，从而更有效地完成教学目标。一个全面的体育教学流程可以被划分为 3 个核心阶段，分别是教学准备、教学实施以及教学评价。

（1）教学准备

所谓的教学准备，是指体育教师与学生为教学和客观环境所做的准备工作。比如，教师需要备课，学生在上课前需要做各种准备，包括心理和服装的准备，以及场地和器材的准备。这个阶段不仅标志着教师教学活动的开始，也是学生学习活动的初始阶段，构成了影响教学成效的基础条件。

教师在进行教学准备的过程中，主要表现为深入研究体育教学大纲，明确教学目标和要求，熟练掌握教材内容，了解学生的具体情况，精心设计教学任务，并在此基础上选择合适的教学手段和方法，最终制定实用和可行的教学方案。这一过程不仅是教学活动的前期准备，同时也涉及教学心理的预备阶段。首先，在设计教学计划时，教师需要为整个体育教学流程制定明确的教学目标。一旦教学目标被明确设定，它将以一种观念的方式存在于教师的思维中，并被视为教学过程中的追求目标。因此，在进行体育教学时，为了达到特定的教学目标和方法，教师应从一开始就做好充分的心理预期。再者，鉴于教学计划需要提前规划整个教学流程，因此在教学过程中选择何种策略和手段，以及如何组织和调整学生的学习行为，在教师心中已有明确的答案，并已做好充分的准备。很明显，在这个阶段，教师的教学活动受到心理方向和心理驱动力的影响。

（2）教学实施

在教学过程中，教学实施阶段占据了核心地位，它对体育教学的整体效果有着决定性的影响。在这个学习阶段，教师会根据学生的实际学习需求，系统地为他们提供和解释教材的相关内容。在教师的引导下，学生能够全方位地感知和理解教师所教授的内容。这不仅是教师教学活动与学生学习活动相互影响的时期，也是新的体育知识与学生原有认知结构建立实质性联系的时期。

乍一看，这个阶段主要是教师与学生之间的互动，实际上，体育教学中的其他元素在这一阶段起到了一定的制约效果。它涵盖了目标、内容、方法、组织和条件这五大要素，这些要素在体育教学中的布局和应用是否得当，将直接决定教学的成功与否。显然，这个阶段是一个受多重因素影响的错综复杂的过程。

（3）教学评价

体育教学的最后一个环节是教学评价，它不仅总结和分析了前一个教学过程的质量，还为下一个教学过程的设计提供了科学的依据。对教学目标和计划进行修正，以启动一个全新的教学流程。一个教学活动结束后，另一个教学活动启动，这样的循环是持续不断的。

在宏观层面上，教学评价不仅构成了单元、学期和整个教学过程的基础环节，而且在微观层面上也是课堂教学不可或缺的一步。这一环节是体育教学过程中重要的一部分，每一个基础阶段都进一步细分为多个子阶段，从而使得体育教学过程能够呈现出不同阶段之间的紧密配合和波动式的发展趋势。[1]

---

① 邱建华，杜国如. 体育与健康教学研究 [M]. 南昌：江西科学技术出版社，2019.

2. 体育教学过程的基本因素

对体育教学过程中的各种因素进行科学的分析和认识，不仅对体育教学理论的进一步发展有着至关重要的作用，同时也给体育教学实践提供了有力的指导。关于体育教学过程中存在的基础要素，研究人员持有多种不同的观点，主要集中在以下几个方面。

我国学者认为，教学过程是一个多层次、多要素、多序列的复杂动态发展过程，从构成教学过程的主要因素来看，包括教师、学生、教材、教学场地和器材这四大要素。从系统论的角度看，每一个事物都是一个独立的系统，并以系统的形态存在。体育教学的过程实际上是由多个相互影响的因素组成的综合体。这些要素主要由教师、学生、教材以及教学方法这四部分组成。在体育教学中，教师、学生、教学内容以及传播工具（如物质资源和教学方法等）都是至关重要的部分。构成体育教学流程的核心元素包括教学目的、课程内容、人与人之间的关系、教学的组织方式、采用的方法以及传播的工具等。

了解不同的观点对于我们深入认识构成体育教学过程的基本因素是大有裨益的。那么什么是因素呢？《现代汉语词典》解释为：构成事物本质的成分，决定事物成败的原因或条件。体育教学过程作为教师的教与学生的学相统一的过程，有其自身的特殊性，根据体育教学过程特点，我们认为，确定体育教学过程因素的标准应全面，既要以"构成事物本质"为前提，还应以"相对独立"为标准。体育教学过程的因素具有多项性的特征，这种多项性因素的特征在体育教学过程中表现为由教学活动的主体性因素、条件性因素、过程性因素构成的 3 个维度的因素结构。

（1）体育教学活动的主体性因素

在教学过程中，教师和学生都是核心参与者。换句话说，无论是教师还是学生，他们都是体育教学过程中的核心参与者。教师这一角色主要涉及教师对教学方向、进度和内容的掌控，以及他们通过自己的言论、知识和运动技能来教育和影响学生。学生作为教育的接受者，他们的学习目标、态度、驱动力以及体育基础知识，都会对他们的学习成果和体育教学的品质产生直接的影响。

在体育教学中，教师与学生这两个既相对独立又紧密相连的教学元素，在教学过程中存在着显著的差异，它们形成了一种既对立又相互依赖的关系。在体育教学活动中，教师和学生的主体性体现在：教师是教学活动的中心，而学生是学习活动的中心，这两个方面都对体育教学活动有着相同的重要性。在教学活动中，教师与学生之间的紧密关系体现在教师在整个教学流程中起到的主导角色，同时学生也需要展现出他们的主观能动性，以及充分的学习积极性和主动性。在体育教学的过程中，教师的引导角色与学生的积极参与都以各种不同的方式展现出来。

（2）体育教学活动的条件性因素

体育教学活动所需的条件主要是由物质和精神两大要素组成的教学时空背景。教学的物质条件可以被视为一种具体的环境，它主要涉及体育教学环境的完备性、现代化的教学技术条件以及体育器材和设施的合理配置。教学的精神环境是一种无形的教学氛围，主要涵盖了在体育教学过程中教师与学生、学生之间的人际关系，以及体育课堂教学的状态和氛围等多个方面。体育教学活动开展所必需的两大要素是教学条件。在体育教学中，物质条件的存在是至关重要的。这些物质条件的变动经常会影响体育教学的进程。教学器材的数量与体育教学的负荷、学生对教材内容的掌握程度以及体育教学的组织方式等都有紧密的联系。因此，物质条件在体育教学中的重要性是不言而喻的。在体育教学中，精神环境对教师和学生的互动起到了至关重要的作用。和谐的人际交往和充满活力的课堂氛围都为体育教学注入了持续的正能量。

（3）体育教学活动的过程性因素

①体育教学目标

从更广泛的角度看，体育教学的核心目标是促进学生的身体健康，确保学生在身心上都能和谐成长，并培育出具备高素质的社会专才，这也是进行体育教学活动的基础。从一个更细致的角度看，目标是确定体育教学中某一教学单元或课程应当达成的具体目标，这也是教师在进行体育教学活动时需要重点考虑的方面。在体育教学活动中，各种不同级别和性质的教学目标共同构建了一个全面的教学目标框架。

②体育教学内容

在体育教学中，教学内容主要反映在体育课程的规划、教学大纲以及使用的教材上。在体育教学活动中，体育教学内容占据了最核心的地位，它直接影响到体育教学的预期成果。这一体系是由体育卫生保健的基础知识和多种运动技巧等内容所构建的。在当代的体育教学实践中，与传统教学内容相比，体育教学内容已经经历了显著的变革。课程内容的时代性、课程设计的综合性以及竞技运动的教材化等因素都为现代体育教学注入了新的活力，同时也使得体育教学内容的研究变得更为复杂。

③教学方法和手段

在体育教学的过程中，教师采用了多种教学策略和工具，以实现教学目标。本书讨论的教学策略和工具涵盖了教师所采用的多种体育教学方法、教学技巧以及各种教学技术工具的应用等方面。在体育教学的执行过程中，选择和应用教学方法和手段时，必须考虑到教学内容、教学环境、学生的身心发展特性以及教师的个人特质等多种因素的影响。体育教学是一个持续变化的过程，所以，其教学方法和工具并不是一成不变的。体育教学的实际操作和进展，代表了体育教学手段和方法在不断地创新和丰富中演变。

④教学组织形式

体育教学因其独特的性质而组织起来，因此，教学活动的组织方式会直接决定体育教学流程的推进和执行。在集体教学、分组教学和个别教学等多种教学组织方式中，选择和应用教学目标和教学方法都存在着显著的不同。在执行体育教学时，各种不同的教学组织方式都有其独特的功能，因此教师需要有针对性地进行合理的配合和应用。

在体育教学活动中，各种因素并不是独立存在的，它们之间存在着紧密的联系和相互制衡，而体育教学的目标在其中扮演了关键的指导角色。体育教育的目标设定，在一定程度上受到了社会进步的限制；从另一个角度看，学生的身心发展特性和规律对其产生了限制。一旦体育教学目标被确立，它将对体育教学活动的整体流程产生影响。也就是说，体育教学的每一个环节都是为了实现这些教学目标而展开的。体育教学的目标是决定教学内容选择的关键因素，而这些目标和内容又共同影响着教学方法、手段以及组织形式的选取和应用。

体育教学中所使用的各种教学策略、工具和组织方式都是为了更好地实现体育教学的目标。体育教学环境同样是达成体育教学目标的关键保障要素。显然，体育教学的目标不仅是体育教学活动的起始点，同时也代表了体育教学活动的最终目标。在体育教学中，上述各种教学元素呈现出螺旋状的发展趋势，它们之间相互配合、相互推动，共同展现了体育教学的整体效益。

（三）教学过程中师生互动因素分析

在体育教学活动中，体育教师和学生都是最具活力和积极性的参与者。深入了解和掌握教师与学生在体育教学过程中可能出现的矛盾和运动，将有助于我们更深刻地理解体育教学的各个环节，从而提升体育教学的整体质量。在体育教学中，影响师生互动的主要因素可以总结为以下几个方面。

1. 认知因素

感知、记忆、思维和分析判断等都是认知的关键要素。在体育教学中，教师与学生之间的信息交流都是建立在认知要素之上的。举例来说，在体育课的教学过程中，首要任务是吸引学生的注意力，接着通过各种感觉器官来感知教材内容，最后借助学生的思考和分析来确保对教材的全面掌握。在体育教学中，当认知因素被充分利用并取得更好的效果时，智力化的活动在体育教学中会更为突出，从而提高体育教学的整体质量。与此同时，高水平的体育教育也有助于推动教师和学生在认知方面的成长。

2．非认知因素

非认知因素涵盖了动机、兴趣、情感、意志、能力、性格以及人际关系等多个方面。在体育教学过程中，这些非认知的元素能够发挥出认知元素所无法达到的效果。举例来说，如果某些学生对体育课有明确的兴趣和强烈的驱动力，那么他们在体育课上就能全心全意地听讲和积极地进行练习，即便在动作失败的情况下也不会感到气馁。因此，非认知因素在激发教师和学生的积极性、主动性和创造力，充分利用潜在能力，建立自信，协调人际关系，发展个性等方面都起到了积极的作用。在体育教育过程中，我们应当重视教师和学生之间非认知方面的影响。

3．生理生化因素

在体育教学活动中，教师负责组织教学活动、进行示范动作，而学生则负责练习。教师和学生的身体内部都会经历一系列生理和生化的变化，这些变化会对身体活动产生影响，如心率、血压、肺活量、血糖、血乳酸和能量等。通过合理地调整这些生理和生化因素，可以确保体育教学过程的正常进行，从而对学生的身心健康产生积极影响。当这些生理和生化因子超出正常界限时，它们可能对身体健康造成伤害，并对教育过程带来负面影响。在进行体育教学时，我们应该强化对教育学和医学的监管，确保所有的生理和生化因素都保持在正常范围内，从而有助于学生的身心健康。

4．信息传导因素

依据信息论、系统论和控制论的相关理论，在体育教学活动中，教师与学生构成了一个开放性的系统，持续地发送、接收和处理信息。为了有效地传递这种信息，我们需要考虑多种因素。无论是组织教学的策略、工具、方式还是教学工具，都可以被视为信息传递的关键元素。例如，语言、示例、提问、评估、测试和比赛等都是在信息传递过程中经常发挥作用的元素。只有当教师和学生之间的信息能够及时传达时，体育教学才能成为一个有序且可控的过程。需要强调的是，教师与学生之间的信息交流既是同步进行的，也是双向的。

在体育教学的全过程中，从教学准备阶段到教学评价阶段，这 4 个因素是并存的。这不仅使得体育教学过程呈现出几个紧密相连的发展阶段的平面结构，还表现出不同因素在不同阶段相互交织并共同发挥作用的立体结构特性。这一教学结构的独特之处在于，体育教学是一个连续的、分阶段的过程，其中多个因素相互交织，共同作用，形成了一个立体的、复杂的教学过程。

分析体育教学过程及其基础要素的重要性在于，它为我们在体育教学理论研究和教学改革方面提供了两个不同的视角。首先，通过对各种因素的深入分析，我们可以提升这些因素的质量，从而进一步提高体育教学的整体效率。其次，通过对体育教学流程的深入分析，我们可以优化和调整体育教学的结构，从而进一步提升体育教学的总体水平。构建一套高效的体育教学流程结构不仅对体育教学的理论体系有着显著的贡献，同时也对实际的体育教学活动有着深远的影响。

二、体育教学过程的优化

（一）体育教学过程优化的特点

巴班斯基是最早提出教学过程优化理论的人。他在 1977 年出版的《教学过程最优化般教学论方面》和随后的《教学教育过程最优化——教学法原理》两部著作中，系统地阐述了教学过程最优化的相关理论。

体育教学过程的优化意味着采用系统论的方法和整体性的观点来研究体育教学过程，全面考察体育教学过程中各个因素之间的相互联系，完整而有序地研究体育教学过程中各因素的相互促进作用，以期使体育教学过程从整体上发挥最优功能，获得最佳的教学效果。在体育教学中，优化教学流程并不意味着追求一种全面的最佳教学方法或策略，也不是为了寻找或建立一种唯一的、全能的最优教学方法。事实上，这种优化是难以实现的。体育教学过程的优化是基于具体的实际条件，确定教学效果和时间精力消耗的双重质量指标，选择制定实施的最佳教学方案，根据实际实施过程中的反馈信息，及时调整体育教学活动的过程，从而实现最大效益的工作系统。其核心思想在于，在体育教学中，我们应该采纳一个系统且全面的视角，最大化地利用当前的教学环境，克服各种潜在的障碍，并充分调动和利用所有的优势，从而在这种环境下获得最佳的教学效果。

对体育教学流程优化的特性进行分析，首先是高效率。在设计体育教学时，我们应该从效率的视角出发，确保合理的资源投入与高效的成果产出能够和谐融合。目前，在体育教学的实际操作中，效率低下的情况依然普遍存在，因此强调高效率的教学理念具有深远的实际意义。其次，是关于整体性的讨论。体育教学活动的优化意味着在体育教学过程中，各种因素被合理地组合在一起，以形成最优的教学结构，进而增强和充分发挥体育教学过程的功能。换句话说，在设计和组织体育教学活动时，除了需要关注具体因素的优化和完善之外，还应全面考虑体育教学各方面因素之间的有效组合和协调，以实现最优的系统效果。最后，关于主体性。为了优化体育教学流程，我们必须确保人的主体性得到充分体现。在实际的体育教学活动中，教师和学生的主体性往往没有得到充分的体现，这成为体育教学效率低下的一个主观原因。因此，在体育教学过程的优化中，确立主体性的思维方式成了一个内在的必要条件。

（二）体育教学过程优化分析

1. 体育教学过程优化来自有序的系统结构

巴班斯基的教学过程最优化理论为我们提供了丰富的视角，帮助我们更深入的理解体育教学过程的优化问题。他持有这样的观点：为了实现教学的最优化，我们必须采用辩证的系统方法来审视教学过程。辩证的系统方法强调，我们必须将教学过程中的每一个环节和师生互动的各种条件视为互相关联的元素。我们需要深入思考各种可能的解决策略，并主动从这些策略中挑选出在当前环境下最佳的教学任务、内容、方式和方法。在教学过程中，各种元素和各个环节是否能够共同构建一个优化的结构，并作为一个有组织的系统来实现其最优的整体功能，在根本上决定了体育教学的最终成果。显然，构建一个有序的系统框架是优化体育教学流程的关键路径。

为了在体育教学中保持均衡，我们必须构建一个有效的反馈系统，以增强其稳定性。在建立体育教学过程的反馈机制时，首先是确保教师与学生之间有一个和谐、充实且宽容的双向信息交流环境；其次是在教学过程中，反馈需要是敏捷和快速的；最后，反馈应该是有针对性的，这样每一个学生都能从这些反馈中了解自己的学习成果。这种方式可以提高体育教学的有序性，并产生与学生共鸣的教学成果。

体育教学过程必须具有因素间相互作用的协同性。一是目标与水平之间的协同。学生当前的能力是否与新的教学目标相匹配，实际上是他们原有能力与新教学目标之间的一种竞赛和合作。达尼洛夫曾经明确表示："教学过程中的驱动力，实际上是教学中所提出的学习与实践任务与学生当前的知识、技能、智慧和体能发展之间存在的冲突。"在学生的成长过程中，我们可以看到他们已经达到的成熟度和未来的发展潜力，而通过适当的适应，这些潜在的机会可以被实现。换句话说，体育教师在设定教学目标的过程中，应避免超出学生当前的接受水平，并应依据学生的"最近发展区"来设定体育教学目标，以确保新的教学目标与学生当前的能力水平能够协调一致。二是心理层次的协同。涉及教师和学生在心理环境以及人际交往方面的相互适应。学生作为主体，很大程度上依赖于一个健康的心理氛围。心理环境的构建主要依赖于体育教师的贡献。在进行体育教学时，体育教师不仅需要重视建立和维护师生之间的和谐关系，同时也要确保师生间的关系是和谐的。这种在心理层面上的合作为体育教学提供了强大推动力。三是体育教学内容、方法、手段与学生身心现有水平之间的协同。为了确保体育教学在特定的时间和地点能够有条不紊地展开，并促进教师与学生之间的同步和协同，我们需要依赖教学的方法、工具和组织结构等多种要素。为了实现优秀的教学成果，教师需要围绕设定的教学目标，依据学生的具体需求和教学内容来选择合适的教学方法和手段，并配备相应的教学器材和设备。因此，在教学活动中，教师应最大限度地利用各种不同因素的协同效应，优化这些因素之间的互动关系，以促进整体协同效应的形成，进而实现体育教学效果的最优化。

2. 体育教学过程有序结构的形成

（1）充分发挥体育教师的主观能动性

要最大限度地激发体育教师的主观能动性，也就是说，要确保体育教师在整个教学过程中起到主导作用。体育教学在整个教学过程中起到了关键的引导作用，它覆盖了教学活动的多个领域，并展现出强烈的综合与创新特性。观察体育教学的流程，主要涉及 3 个关键环节的执行。

①教学设计。这一步制订教学计划，教师根据体育教学的理论和实际情况，对教学目标、教学过程和教学评价等方面进行确定、安排和规划。对教学设计进行优化是确保体育教学流程高效进行的关键因素。

②对体育教学流程进行组织、管理和执行。这个过程是为了真正实施教学计划并达到体育教学的目标。体育教师在体育教学中扮演着核心角色，他们不仅要激发学生的学习兴趣，还要组织和引导学生在学习过程中的各种活动。这个环节是体育教学流程优化的关键所在。

③教学效果的评价与反馈。这一步是对体育教学成果的检验和评价，也是体育教学活动的最后一步。通过评估，我们可以从实际成果的视角来判断体育教学活动是否满足了预设的教学目标，并为接下来的教学流程提供关键的反馈数据。对教学效果进行合理且科学地评估，不仅是体育教师的核心职责，也是优化体育教学活动的实际需求。因此，为了更好地优化体育教学活动，教师需要关注教学功能的全面发挥、教学目标的有效实现和教学效率的提升。教师应创造性地应用教学理论，充分利用教学艺术，努力优化教学设计、教学实施和教学评价，协调体育教学过程的各个环节，以形成一个优化的教学流程。[①]

（2）尊重和发挥学生的主观能动性

学生构成了教学活动的核心，他们在体育教学中的角色和影响是教

---

① 熊阿凤. 浅析学校体育教学过程的优化 [J]. 亚太教育，2015（34）：92.

师对学生的看法中的关键部分。更具体地说，在体育教学过程中，学生展现了他们的主体性，这种主体性正是他们主体结构功能的体现。对于普通学校的学生来说，需要有一个健康的身体和健康的智慧，将关注个人健康视为一项社会义务。人们应该有强烈的愿望、动力和兴趣，积极地参与体育学习和锻炼。此外，他们还拥有丰富的运动经验、出色的运动技巧和技能储备，以及一个健康的体育文化氛围。在体育的教学活动中，只有当我们构建一个全方位、完善的学生参与活动时，学生才能真正掌握体育的知识和技巧，进一步培养他们的能力，并形成一个合适的教学主体结构，这意味着在教学过程中，我们需要充分激发学生的主观能动性、创新精神和独立性。因此，在体育教学过程中，全方位地构建学生的主体活动不仅是优化教学质量的内在需求，也是一个关键的教学机制。为了更好地改进体育教学流程并推动学生的全方位成长，我们需要科学地规划和组织学生的核心活动，拓展和完善学生活动的领域，并确保这些活动之间能够和谐并存，形成一股强大的动力。

（3）体育教学内容构成的优化

体育教学内容是实现体育教学目标的重要条件，也是教师和学生开展体育教学活动的依据。体育教学内容构成的优化，应注意以下要求。

一是体育教学内容应具有全面性。中小学作为基础教育的重要环节，需要为学生今后步入社会打下全方位的基础，并开展多方面的教育活动。换句话说，我们应该将体育科学知识、锻炼技巧以及价值观等多个方面有机融合。只有在教学内容全面的情况下，我们才能为学生的全面发展奠定坚实的基础。

二是体育教学内容应具有基础性。中小学体育教育的核心内容包括：帮助学生健康成长，为他们奠定坚实的身体素质基础；使它们在身体素质和运动技能方面有全方位的提升，同时具备扎实的体育知识和技能，为未来的职业生涯打下基础；培养他们对体育活动的热情和兴趣，并养成定期进行身体锻炼的好习惯。

三是体育教学内容应具有活动性。教学内容为学生提供了学习的素材，而学生对这些教学内容的理解和掌握，是通过参与学生的主动活动来实现的。设计体育教学内容时，应确保有助于学生的主动参与，这意味着体育教学内容需要对学生的观察、思考、实践、探索、体验和互动等各个方面进行全面的策划。

四是体育教学内容应根据教学任务和条件进行认真选择、分类，既要保证系统、全面，又要突出重点。

（4）加强对体育教学过程的管理、控制和评价

在体育教学的过程中，管理和控制的核心应当是达到体育教学的目标。学生在体育学习中受到多种因素的影响，从这些因素对学生学习成果的影响角度看，主要是增益效果，例如学生的学习目标清晰、内在驱动力强烈、兴趣高涨、注意力高度集中、思考活跃以及体育基础扎实等；体育老师身体力行，他们的素质和能力都很高，与学生之间的关系也非常和谐；学生的学习态度端正，师生间的关系也十分融洽；在教学内容、采用的方法和手段以及教学环境等方面，都展现出了新颖和多样性。接下来要考虑的损耗因素包括：学生对学习反感、教师与学生之间关系紧张、教师的专业素质不高、教学内容过于简单和缺乏多样性、教学方法过于刻板、教学环境不佳，以及班级风气存在问题等。最终要考虑饱和因素，人的智力和体力发展都是有其局限性的，学生在有限的时间里只能接受有限的教学内容。由于学生的水平不同和教材的局限性，学生的学习效果被限制在一个界限之内。

面对这些影响因素，在体育教学活动中，我们应该有目的地强化其控制和调整。鉴于学生的学习效果会随着增益因素的增加而增强，因此，强化增益因素和减少损耗因素变得尤为关键。此外，提升每单位时间内的教学效能，也就是在同一时间段内实现最大的教学成果，具有极高的重要性。这意味着我们需要对体育教学过程进行有组织、有目标和有计划的管理和控制。我们需要全面考虑教学的质量、速度和时间，目标是在一个低成本、高效率的教学环境中，实现最优的教学成果。

简言之，体育教学过程的优化与科学地组织教师的教学活动和学生

的学习活动是紧密相连的。这种科学地安排教与学的双向活动，是在全面考虑体育教学规律、现代教学模式与教学方法、体育教学的内外实际条件的基础上，使得体育教学过程在既定目标的指导下，发挥最有效的作用，实现相对于这种条件的最优效果。

第二节　体育教学评价的改革与创新

一、基于 DEA 模型的高校体育教学评价改革

（一）体育教学评价和 DEA 模型的基本概念

1. 体育教学评价的概念

在《辞海》中，"评价"这个词被用来衡量一个人或事物的价值。价值可以被定义为某一事物能够满足另一事物特定需求的特质，也就是说，一个事物能够满足特定需求的特质被视为该事物的价值。尽管"教学评价"这一词涵盖了众多的含义，但它拥有一个相对完整的定义，并且大部分学者都是基于这个定义来深化理解的。教学评价是指在教学活动中，根据既定的教学目标，有组织、有目标地观察和评估教师与学生学习的各种变化，并根据这些变化与教学目标、计划、效果以及学生的学习质量和个性发展水平进行对比，采用科学方法进行价值评估，从而调整和优化教学流程，帮助学生更好地实现他们的教学目标。

从多位学者的角度出发，我们可以将教育评价的理念简化为基于特定标准，在系统性和全面性地搜集、组织和应用教育相关信息的基础上，对教学活动的各个阶段和最终成果进行价值评估，以便进行适当的优化和调整，从而推动教育活动的持续进行。体育教学的评估被认为是教育评价体系中的一个关键环节，并且它是教育评价活动中的一种具体

表现形式。[①]

2．DEA 概念

数据包络分析（Data Envelopment Analysis，DEA）代表了数学运筹学、数理经济学、管理科学以及计算机科学中的一个新兴交叉领域。DEA 模型的核心思想是首先将收集到的评价指标的真实数据输入软件包。接着，该模型会自动产生一个最佳的临界值，并计算每个被评估对象与这个临界值之间的距离。通过比较每个被评估对象与最佳临界值之间的差异，我们可以判断它们的优劣，这也被称为最终的评估结果——相对的有效性。

（二）我国高校体育教学评价改革的动因分析

1．国家政策的支持

我国对于教育改革抱有强烈的期望和支持，高等教育的主要目标是培养出高素质的人才。教学评价作为整个教学流程的最后环节，不仅是对教学质量的评估，同时也对提升整个教学过程的质量起到了积极的推动作用。

2．新时代的要求和召唤

新的时代标志着一个承前启后、延续历史、在新的历史背景下持续取得新时代中国特色社会主义辉煌成就的阶段。当前时代的核心理念是进行持续的改革和创新。因此，在教育领域，我们也需要继续前进，不断探索和创新。只有这样，我们才能更好地适应这个新时代，并在教育领域取得辉煌的成就。

3．现有体育教学评价机制存在的问题

事物的演变是一个充满曲折的过程，它总是在识别和解决问题的过程中不断壮大和发展。一旦我们识别出问题，如果能够迅速找到解决方案，那么就有可能实现质的飞跃。目前，我国高等教育体育教学评价体

---

① 翟苏莹. 教育评价概念探析［J］. 齐齐哈尔师范高等专科学校学报，2016（2）：27-28.

系存在四大问题：对体育教学评价的关注度不足、评价主体过于单一、评价方法缺乏科学性，以及评价内容不够全面。这些问题凸显了高校体育教学评价机制亟待改进和解决。因此，目前体育教学评价体系中存在的问题成为推动我国高等教育体育教学评价改革的关键因素之一。

（三）DEA 模型用于高校体育教学评价的可行性分析

DEA 模型和传统的体育教学评价方法有几个共同之处。首先，它们都是为了进行相对有效性的评价，从而提高各个单位（如教师、学生、企业、学校等）的积极性。其次，目标都是优化，也就是通过评估来识别各个决策单元的当前状态和存在的不足，进而确定相应的改进方案。最后，都涉及对一个包含多个输入和多个输出的复杂系统进行评估。

DEA 模型与传统体育教学评估方式存在明显的区别。首先，传统评估方式需要对各个评价指标进行权重分配，然后才能得出最终的评估结果。而 DEA 模型不依赖任何权重假设，而是将收集到的决策单元的输入和输出数据输入软件包，由模型直接计算出最优权重，并确定生产前沿面，从而排除很多主观因素，具有很强的客观性。其次，传统评估方式在对各评价指标进行评估后，需要进行大量的数据统计和计算，以得出最终的评价结论；而 DEA 模型是在输入指标数据后，直观展示各个决策单元的效率是否达到了预期，从而避免了复杂的计算和分析步骤，明确显示每个决策单元的优化指标。

从目前的体育教学评估手段和发展方向来看，改革课程评估是解决中国基础教育课程改革中的瓶颈问题的核心，而丰富和先进的评价理论将有助于推动评价实践的进一步发展。体育教学评估的价值导向已从"目标导向"转变为"过程导向"和"主体导向"。此外，体育教学的评估方式已经从单纯的质性评价逐渐转向了质性评价与量性评价的融合。在普通高等教育机构中，体育教学评价方式的改革方向正朝着更加人性化和客观的方向发展。

从 DEA 模型的功能性角度来看，采用这种方法对体育教学进行评估是相当合适的。DEA 模型在减少主观偏见、简化计算方法和降低误差上展现出了显著的优越性。观察体育教学评价的流程，我们可以看到体育教学评价的总体方向是结合定性和定量评价。然而，体育教学在本质上是一个高度复杂的过程，如果使用当前的评价手段，可能会混入一些主观偏见，这可能会导致评价结果的偏差。

DEA 模型的核心理念在于将各个决策单元与预估的生产前沿进行比较，以识别出效率较低的决策单元，并展示每一个决策单元的效率，其根本目的是判断这些决策单元是否处于生产前沿。从 DEA 模型操作的视角来看，这类软件包的操作流程相对简单，只须先行进行模型构建，对各个决策单元进行明确标记，然后将收集到的数据输入模型中，便能直接获得评估结果。

二、"以生为本"的公共体育教育评价改革策略

(一) 开展"以生为本"体育教育评价的重要意义

1. 为公共体育评价提供了正确的指导思想

在高等教育体育教学活动中，科学合理的评估是体育改革中最具挑战性的议题。"以生为本"的教育哲学被认为是解决这一问题的关键，它为推动高等教育机构中的公共体育教育走向可持续发展提供了明确的指导方针。

2. 确定了公共体育评价的改革目标

目前，高等教育机构的公共体育教育理念已从传统的"增强体质"提升至"健康第一"的层次，这意味着我国高等教育中的公共体育改革更加贴近体育发展的核心理念。"健康第一"的核心理念强调"以学生为中心"，这也是体育教育实践中对科学发展观的深入体现。因此，我们可以明确地认识到，"以生为本"的科学发展理念为高等教育机构的公共体育教学评价改革提供了明确的方向，并设定了改革的核心目标。

3. 加快了公共体育评价改革的步伐

为了促进高校体育事业的持续和健康发展，对高校公共体育教学评

价体系进行了改革。我国体育教育改革能够顺利进行并展现出积极的发展趋势，主要归功于"以生为本"这一核心理念的提出。在高等教育机构的公共体育评估过程中，坚守"以学生为中心"的原则，并构建一个创新的评估体系，不仅可以有效促进体育行业的持续进步，同时也是实践和执行科学发展观念的关键表现。

4. 落实科学发展观的重要体现

如果国家想要实现可持续发展的目标，那么全面实施科学发展观是不可或缺的。科学发展观强调的核心理念是，在社会生活和工作的每一个环节中，都要以人为中心，从实际的事情和细微之处开始。在高等教育机构的公共体育教学评估中，我们必须坚守"以学生为中心"的原则，构建一个全方位、合适的公共体育评价框架，以促进体育领域的健康和稳定发展。

(二)"以生为本"公共体育教学评价改革策略

1. 公共体育评价价值取向

以人为中心的公共体育教育评估的内容和准则是集体的行为，它与体育管理部门和领导层的意识紧密相关，而教师和学生往往只是执行教学目标的人。因此，在制定公共体育教学评价的内容和标准时，必须考虑到学生的实际情况，相关部门和领导在构建评价体系的过程中，必须进行认真的组织和深入的研究。在新的"以学生为中心"的教育观念中，教学评估应当强调学生的中心地位，而不是停留在形式上。

2. 公共体育教育评价内容全面化

在评估公共体育教育的过程中，当我们坚守"以学生为中心"的评价原则时，同样需要高度重视对教师和学校的评估，确保评价的内容具有多样性。在对学生进行评价时，我们不仅要评估他们在体育技能上的掌握程度，还需要观察他们学习情况、体育观念和综合素质的演变。在评价过程中，我们必须尊重学生的独特性，并充分体现公共体育教学中"以学生为中心"的核心理念，这样才能全面评估学生在教育过程中的各个方面。

　　除了上述内容，我们还需要对学校和教师进行全面评估。在对教师的评价中，我们不仅要看他们在体育教学上的成果，还要深入了解他们的体育观念和体育素养；在对学校进行评估时，我们不仅要对学校的体育设备进行评价，还需要注重软件的建设，尤其是为学生创造良好的体育环境。

3．公共体育教育评价方法多样化

　　公共体育教育的评估方式应该是多元化的，我们需要坚守"以学生为中心"的原则，并根据学生的个性、兴趣和风格来实施多种评估方法。我们应该重视学生之间的个体差异，摒弃用传统的单一考试和评价标准来评价学生。我们应该根据学生的具体情况，根据评价的目标和内容选择适当的评价方法，如成长记录和活动报告等。同时，我们应该将这些评价方法结合起来，取长补短，统筹运用。更具体地说，我们可以考虑以下几种评估方式：第一种，结合自我评估和他人的评价内容；第二种，结合终结性评价和形成性评价；第三种，结合定性和定量的评估手段。

4．公共体育教育评价主体多元化

　　现阶段，公共体育教育的评估主要依赖于以教师为核心的单一评价主体，这样的评估方法缺乏全面性，很难对学生的体育表现进行真实和客观地评价。由于教师通常扮演着管理者的角色，而学生则处于被动吸收知识的状态，导致他们在体育教学评价过程中缺乏主动权，只能被动接受教师的评价。因此，我们应该鼓励学生积极参与评价过程，通过他们的参与来增强主观能动性。学生的自我评估和相互评价不仅可以帮助他们更深入地了解自己的学习状况，还可以增进师生间的交流和沟通，建立一个民主和平等的评价机制。这不仅确保了评价的合理性和真实性，还能在心理层面上使学生更容易接受评价结果。

5．公共体育教育评价标准多元化

　　考虑到每位学生在成长过程中所处的环境、背景、个性和兴趣爱好等各方面的差异，仅依赖单一的评价标准来评估公共体育教学效果是不全面和客观的。因此，采用多元化的评价标准来评估公共体育教学的效果是更为全面和科学的。在制定公共体育评价标准时，除了要充分考虑学生的个性和坚持以学生为中心的教育理念外，还需要充分考虑评价标准设计的公平性、规范性、可操作性以及不同学生个体差异的适用性等因素，从而建立一个合理且完善的评价标准，以确保公共体育评价结果具有更高的可信度和公平性。

第三章　体育教学的思维创新

第一节　思维创新在体育教学中的应用

一、思维创新在体育教学中的必要性与条件

在进行创新活动时，思维创新是不可或缺的。经过多年的演变，体育教学已逐渐转变为学校的核心教学项目。尽管如此，它仍然有着广阔的发展潜力。创新被视为社会进步的根基，体育教育也应视其为推动发展的工具，这样才能更好地适应学校教育改革的需求。在其中，创新性的思考方式能为从事体育教育的专业人士提供全新的教育观念，并激发教学活动的创新活力。①

（一）思维创新在体育教学中应用的必要性

在体育教学过程中，应用思维创新的重要性主要表现在两个方面：首先，体育教学中存在着"墨守成规"的问题，限制了体育教学工作的进行；其次，思维创新的前沿性和前瞻性有助于推动体育教学活动的进步，从而提升教学质量和效果。

为了促进思维的创新，我们需要摒弃传统的、随波逐流的教学方法，转而采用启发式和讨论式的教学策略，这样可以更好地培养学生的独立思考和创新意识。学校在体育教学中采用了创新的思维方式，这打破了学生过去被动接受知识的传统模式，为他们在课堂中提供了更多的

---

① 张象. 体育教学与思维创新 [M]. 北京：现代出版社，2017.

实际操作机会。例如，在体育教师组织的篮球比赛中，他们会指出学生在动作、合作等方面的不足，特别是队员之间的合作，通常没有固定的模式来规定具体的防守、进攻、传球和突破。因此，教师需要在赛场上一对一地指导，以提高学生的临场应变能力。此外，在体育教育改革中，思维的创新显得尤为关键，这涉及教育理念、思维方式、体制、课程内容以及教学方法等方面。言下之意，思维的创新在现代化进程中展现出了前沿性。这个观点与教育改革的实际需求高度一致，从而确保了可持续发展的教育理念能够被完整地执行和实施。

（二）思维创新在体育教学中应用的条件

1. 转变教育观念

传统的教育观念并没有强调学生需要具备"举一反三"的思维能力，更多的是要求他们掌握课堂上的基础知识和相应的技能水平。因此，在推动应用思维创新的过程中，有必要对当前的教育观念进行全面的改革。教师的角色应从知识的传递者，转变为学生的指导者、协助者和交流者。同时，应采用启发式、讨论式和探究式的教学手段，培养学生独立思考的能力。这样，学生能在掌握已有知识的基础上，构建新的知识体系，形成良好的学习习惯，并在自我提升的过程中，深刻体验到自己在教学活动中的价值，进一步增强自主创新的意识。

2. 营造教学氛围

良好的教学环境是应用思维创新的软条件。只有在自由和舒适的学习环境中，学生才能真正被激发创新精神，并进一步展现创造力和主动性。建立一个安全的心理氛围，让学生在心理层面上感受到接受教育的自由。为了帮助学生解决他们在学习过程中的疑惑并纠正他们的错误，教师可采用如表扬和引导等多种方法。为了营造一个和谐的教学环境并为学生提供一个激发思维创新的平台，教师应当巧妙地运用教育活动，采用平衡与合作的学习模式，并激励学生对实践教学提出有益的改进建议。最终，我们构建了一个阶梯式的问题场景。在教师的指导下，学生在提出和解决问题的过程中，能够获得新的知识，从而在心理层面上加强获取知识的信心。这种方式可以避免教学环境过于沉闷，从而激发学生的创新思维。

为了营造良好的教学环境，学生的积极参与是必不可少的。教育工作者应将学生视为教育过程中的关键角色，并不断鼓励他们积极参与。

3. 更新教学手段

为了实现体育教育体系的思维创新，必须满足特定的"硬条件"，即教学手段，这是确保教学质量的核心要素。实际上，教师所采用的教学方法是思维创新成果的具体体现。当教师的教学思路固定不变时，他们所使用的教学方法可能会过于单调，导致教学效果仅能维持在一个固定的范围内。因此，教师有必要对现有的教学方法进行刷新和改进。从一方面看，通过比较和分析当前的教学方法，识别其存在的缺陷并进行改进，同时结合创新思维，这样才能有效提升教学效果。从另一方面看，针对教学实践的需求，我们需要创新教学方法，并根据教学任务的实际变化，及时做出相应的调整。例如，可以根据学生的接受能力、体质和教学条件等因素，灵活选择教学方法，并根据学生的学习方式，探索适合学生的教学方法，以实现人才思维能力的创新。此外，在教学过程中，信息的有效交流也是至关重要的一环。教师可以利用这一机会来分享他们的教学心得，并从他人那里吸取有益的教学技巧，作为更新教学方法的依据。

二、在体育教学中巧用思维创新

思维创新代表了一种独特的思考模式，它能够打破传统的思维框架，从全新的视角和思维方式去探索问题的解决策略。为了更好地满足现代体育教学的新标准和要求，体育教师必须适应时代的发展需求，逐步研究和探索新的思维方法。

当代体育教育正朝着更加科学的方向演进，体育教育不再局限于传授和掌握体育相关的知识和技能，而是更加重视培养学生的自主性、创造力以及终身学习的能力。创新思维是学习的基石，学生在学习过程中不仅依赖于注意力、记忆力、观察力和想象力等智力要素，还会受到兴趣、情感、驱动力、决心和个性等非智力属性的作用。在当代思维创新的体育教育教学环境中，教师需要高度重视激发学生的主观能动性和创造力，促进学生智力的全面发展，并引导学生从"被动学习"转向"主动学习"，从而激发他们的学习热情，使他们达到最佳的主动学习状态。如此一来，"教"与"学"的效能均获得了显著的增强。

（一）现代体育教学思维创新法的基本特征

1. 客观性

在体育教学过程中所采用的思维创新方法，不仅是现代教育观念的显著表现，同时也与时代的进步和教学目标相契合。在制订体育教学计划和组织教学活动时，体育教师不仅需要严格遵循新的课程标准，还需要根据社会、学校、学生和家长等多方面的实际需求，进行全面地整合和深入地分析。此外，我们在应用思维创新方法时，还需要吸取过去体育教学中的成功经验，并积极地设计和执行科学且客观的教学策略。

2. 概括性

思维创新法的总结性主要体现在其展现的方式和内容上。展现方式的总结性意味着，仅通过简洁的文字描述，就能大致呈现出整体的教学策略；对于体育教学活动的理论和实践进行精炼和总结，从而使得体育教学活动变得更为丰富和多姿多彩。

3. 可操作性

思维创新方法为体育教学的逻辑流程提供了明确的指导原则，并详细描述了每个环节的操作步骤。体育教师在教学过程中应运用思维创新方法，在充分考虑体育教学活动的复杂性和特殊性的基础上，逐步排除可能影响教学环境的各种因素，以确保体育教学方法的操作稳定性。

（二）思维创新法在体育教学中运用的意义

1. 有利于学生的个性化发展

在体育教学过程中，学生是思维创新方法的主要执行者，他们在心理发展和身体成长方面都有着显著的不同。传统的体育教育方式过于单调，不能很好地满足现代学生的个性化发展和需求，同时也制约了学生创新思维的培育。在"新课标"中，明确指出要逐渐改进体育教学方法的单一性，鼓励教学活动更加主动地满足每位学生的独特需求，并以这种差异为思维创新方法的核心思想和基本准则。

2. 有利于建立民主、平等、和谐的师生关系

在传统的体育教学方式里，教育者往往偏重于学生的同步成长，这对学生的个性化发展造成了某种程度的制约和影响。在体育教学中应用思维创新法不仅能够显著提升课堂教学的效率和质量，还有助于构建一个民主、平等和和谐的师生关系，从而逐步培养学生在体育学习过程中独立发现问题、分析问题和解决问题的综合素质和能力。

3. 有利于引导体育教学向综合教学发展

在体育教学过程中，运用思维创新法涉及的课程种类繁多，包括但不限于相关课程、融合课程、广域课程、核心课程以及活动课程等基础教学内容。思维创新法在引领体育教学从分科教学模式向综合教学模式的转型方面具有不可忽视的重要作用，同时也构成了更新和优化课程组织结构的基础。

三、体育教学中学生思维创新的影响因素

（一）主观影响因素

体育思维创新中的主观影响因素是指那些能对创新行为产生正面或负面影响的内部要素。创造学的观点是，创新活动是否能够顺利进行并取得显著效果，以及其创造性是否能够被充分挖掘和应用，都受到客观社会环境的显著影响。然而，这仅仅是外在因素，关键在于创新者自身。

1. 多向思维能力

多向思维是相对于单向思维而言的。人们在解决日常问题时，往往习惯于遵循某一固定的思维模式，这种"单向性"和"固定性"的特点，容易造成思维惰性和僵化。

2. 联想思维能力

思维创新的本质就在于发现原来没有联系的两个事物或现象之间的联系，联想就是一种有力的引导作用。

3. 捕捉灵感的能力

这指的是那些能够迅速将短暂的灵感转化为创新构想的能力。在创新能力中，捕获灵感起着关键作用。灵感的产生与多种因素有关，包括深度的思维劳动、丰富的知识储备和实践经验，以及外界信息的刺激。因此，及时记录灵感，防止其瞬间消逝，保持思维活跃，并及时深化思维成果，是捕捉灵感的有效方法。

（二）客观影响因素

人类的创造性行为受到环境因素的推动和限制，这种约束在社会生活的多个层面和多个领域都有所体现。同理，体育思维的创新作为一种客观的存在方式，也会受到多种外部因素的作用。一个健康的环境可以增强人的创新能力，如果环境不佳，则可能限制人的创造性展现和成长。

1. 社会环境

作为社会成员的人，总是生活在特定的环境中，这种社会环境构成了个人能力发展的基础。

2. 体育环境

这是直接影响体育创新活动的客观因素。尽管人类的创造力与社会环境有紧密的联系，但要真正发挥创造力，还需要特定的工作环境，这种环境的影响相对于社会背景来说更为直接和深远。

3. 人际环境

人的社会性和创造活动的团体性决定了人际关系对创造活动发挥着积极或消极的作用。

4. 信息环境

信息环境在创新过程中极为重要。创新者把接收到的信息和原有信息综合起来，围绕新目标进行加工处理，形成新的思想和方案，并加以实施，从而取得成果。

5. 实验环境

任何新事物、新成果都需要经过实验验证后方可投入使用，体育创新也不例外。因此，实验环境也是影响创新的重要因素。

第二节　以思维创新构建体育教学创新体系

一、构建体育教学创新体系

为适应当今社会对高校人才的要求，高校体育教学应从认清体育教学本质、认清体育教学目标和更新体育教学内容等方面构建体育教学创新体系。

（一）认清体育教学本质

体育教学被视为培育学生创新能力的关键手段。学生的创新能力主要涵盖了创新观念、思考方式的创新以及创新实践能力等多个维度。为了培育学生的创新思维，我们需要在已有知识的基础上，探索新的联系，并激发学生的创新精神。为了培养学生的创新思维能力，我们必须在一个民主和谐的教学环境中，引导、启发和鼓励学生进行创新思维，培养学生独立思考的能力和乐观开朗的心态，提升学生的团队合作能力，扩大学生的兴趣范围，并提高学生的综合能力。

（二）认清体育教学目标

体育教学服务于素质教育，因此，我们需要改变现有的体育教学思维方式，重新认识体育教学的目标、方法、功能、内容、手段，从而构建一个面向未来的体育教学体系。体育教学并不等同于学生锻炼身体，仅依赖体育教学并不能有效锻炼学生的身体。体育教学的核心目标是培育学生对体育锻炼的认识、习惯和能力，让他们对体育锻炼有基本的认识和态度，理解体育锻炼的深远意义，并进一步培养他们独立进行体育锻炼的习惯和知识。

（三）更新体育教学内容

对体育教学内容进行创新，旨在满足学生的身体健康需求，促进不同学科间的协同发展，并适应未来社会的进步和需求。在体育教学过程中，我们应该加入更多有助于提升学生体育技能的教学材料。在进行体育教学时，除了注重体育知识的传授外，还应强化体育教学与健康教育的融合，采用体育健康养护手段满足体育锻炼需求，同时培养学生的健康饮食和卫生习惯，以及对生理和心理调整的实用保健方法。体育理论课程不仅要教授学生关于体育锻炼、保养和观赏的知识，还需要传授与未来社会高度相关的各种主题，以找出高等教育体育与社会体育之间的连接点。其中，理论教学能够领先于实践教学，从而加深学生对体育锻炼和身体健康的了解。

二、体育教学创新体系的主体内容

（一）转变教育思想，树立全面的教育观

教师需要改变对教学和课程本质的看法，在教学过程中，首先应该给予学生先进的教学观念，充分发挥学生的主观能动性。常言道："首先要有明确的观念，然后将其传播到整个世界。"在体育教学中，让学生确立正确的学习态度是至关重要的。接下来，我们需要增强教师的服务态度和意识。教师需要以更优质的方式为学生提供服务，教师不再居高临下地授课，学生也不再盲目地跟随学习。

（二）建立新的教材体系，教学内容不断延伸和拓展

体育教学应该从单一的竞技项目转向健康型、娱乐型、社会型等多元化的方向发展，建立一个实施性强、多功能、学生喜爱、符合实际情况的教材体系。同时，我们需要打破体育技术课和理论课的隔阂，增加理论选修课，将体育理论知识与其他领域的理论结合起来，例如开设体育人文学、体育美学等课程。这样可以让学生有更多的机会接受体育知识和文化。另外，高等教育体育课程应当根据学生的实际技能和兴趣来设计多样化的运动项目，使学生能够学习并热爱自己感兴趣的运动，并

逐步将其培养为具有优势的项目，以满足学生全面个性发展的需求，确保学生能够全面掌握运动技能，从而为他们的终身体育生涯提供强有力的支持。[①]

（三）教学模式创新

体育教师应根据学生身心发展的特点，结合学生的特长，不断地进行教学模式的改革和创新。这种创新应体现新颖性、灵活性和能力性。

（四）教学方法和手段的创新

在体育教学中，单一呆板的教学方法难以鼓励学生参与教学活动，抑制了学生的思维创新和创新能力的发展。因此，高校体育教师要重视教学方法和手段的创新。

1. 教学方法的创新

在制定教学策略时，教师需要精心准备教材和教案，不存在最佳的教学方式，只有更加符合学生需求的教学策略。教师须依据教学目标、任务和教学内容的独特性，立足于实际情况，持续进行创新，确保教学内容始终具有新颖性、生动性、知识性、趣味性和多样性，并致力于营造一个轻松愉快的学习氛围。

2. 教学手段的创新

伴随着科技的持续进步和信息技术的普及，各种先进的视听工具在教育领域得到了广泛的应用。这不仅极大地拓宽了信息传播的渠道，提升了教学效果，还使得教学内容更加生动有趣，为学生提供了多样化和丰富的学习环境和工具。

三、以思维创新构建体育教育方法和教育制度

（一）以思维创新构建体育教育方法

传统的体育教育方式主要依赖于教师授课和学生听讲，这种方式是单向的。这种机械化的授课方式缺乏生动性，并且重复性的教学活动可

---

① 陈永兵. 论体育教学中如何培养学生的创新思维能力［J］. 文体用品与科技，2018（4）：116－117.

能会降低体育教师的工作热情。新的教育策略强调教育者应重视学生的反馈，并结合学生的反馈和学生的独特性，对教学内容进行调整，从而创造一种交互式的教学方式。

传统的体育教学方式主要依赖现有设备的固有功能。例如，在传统的体育课程中，跑道用于跑步，单杠用于引体向上，铅球用于投掷，以此类推。新的体育教学方法则通过思维创新进行构建，不仅要充分发挥教学工具原有的功能，还应该探索它们的新功能，例如可以利用跑道进行各种有趣的比赛等。

传统的体育教育方式主要依赖于教师的授课，而教师的竞技能力和比赛经验对教学效果起到了决定性的作用，这也间接提高了对体育教师的期望和要求。新颖的教学策略允许具有一定竞技能力的学生担任教师或示范者的角色，这有助于学生更好地掌握动作的关键技巧。

除了学校间的比赛，传统教学方式的交流机会相当有限，这无疑削弱了体育教育工作者和学生的热情。新型的体育教育方式强调了各个省份、城市和学校间的互动交流，以增强高等教育体育的影响力，并鼓励更多的人参与到体育活动中。

（二）以思维创新构建体育教育制度

我国有能力根据自己的独特性质，运用创新的思维方式来构建全新的体育教育体系，这包括但不限于增加体育课程学分、组织各种体育项目的区域性甚至是全国性的联赛活动。这套制度的创新对于大学体育的进步是有益的。面对新的时代背景，我们不仅需要在生产、服务和科研等领域推动创新，同时也要在教育领域大力倡导创新。我们不仅需要在数学、物理、化学、计算机、半导体和金融等多个领域推广思维创新，同时也要在体育教育方面推动思维创新。

第四章　球类运动技能的教学

第一节　篮球运动技能的教学

一、篮球运动技术教学与训练

（一）移动技术

在篮球比赛中，运动员为了调整位置、改变速度和跳跃投篮，会采用各种脚步动作，这些被称为移动动作。移动动作构成了篮球技巧的核心，与进攻和防守技巧的掌握和应用紧密相关。在进攻过程中，移动技术的运用主要是为了精准确定位置、摆脱防守、进行切入、接球、传球、投篮、运球以及突破等。在防守中，移动动作主要是为了维持或占据有利位置、拦截对手、避免被摆脱、进行追击、协同防守，以及快速果断地进行抢球、击球、断球和争夺篮板球。

运动员在比赛中经常采用站立的准备姿势，这种姿势既稳定又具有机动性。这种准备姿势的关键步骤：双脚在前后（或左右）位置展开，两脚之间的距离与肩膀保持相同的宽度，前脚掌触地，两膝呈弯曲状（大小腿之间的角度约为135°），身体的重心投影点（简称为"重心"）应落在两脚之间，上半身轻微前倾，双臂弯曲并自然下垂在体侧（这是为了接球或传球的准备），双眼密切关注场上的动态。

1. 起动

起动是运动员在球场上由静止状态变为运动状态的一种起始动作，是获得位移初速度的方法。

动作指南：当启动时，身体的重心会向跑动的方向移动。随后，后脚（向前启动）或异侧脚（向侧启动）的前脚掌突然用力蹬地。与此同时，上身迅速前倾或侧转，手臂则随之摆动。充分利用蹬地产生的反作用力，迅速向跑动的方向前进。启动后的两到三个步骤需要迅速连续蹬地，并与快速摆臂协同，以确保在最短的距离内充分发挥速度优势。

2. 跑

跑是运动员在球场上改变位置、发挥速度的重要方式，也是比赛中运用得最多的移动动作。

（1）变速跑

变速跑是一种运动员通过改变速度来争取主动性的跑动方式。在加速奔跑的过程中，需要突然而有力地连续蹬地，以提高跑步的速度，同时配合上身轻微前倾和手臂的相应摆动。在进行减速跑的过程中，通过用脚前掌紧贴地面来降低前进的冲力，同时保持上身直立，以确保身体重心向后偏移，进而减速。

（2）变向跑

这是一种运动员在跑动时突然改变方向，以摆脱防守或拦截进攻的方式。当需要改变方向时（以从右向左的方向为例），在最后一步，用右脚压在地上，脚尖稍微向内扣，然后用前脚掌内侧用力蹬地，屈膝，腰部随之左转，快速移动重心，左脚向左前方跨出，这一步要快，右脚迅速跟随跨出，继续加速跑动前进。

（3）侧身跑

这种跑动方式是运动员在前进的过程中，为了观察场上的动态，他们会侧转上半身来执行攻击和防守的动作。在跑动的过程中，头部和上身都要向球的方向倾斜，同时脚尖也要向前进的方向移动，这样既能维持跑动的速度，也能完成进攻和防守的动作。

（4）后退跑

这种跑动方式是运动员在球场上背对前进的方向，目的是观察场上进攻和防守的情况。当进行后退跑的动作时，需要两脚提踵和前脚掌交替蹬地提膝向后移动，保持上身的放松和直立，同时双臂屈肘进行相应的摆动，以维持身体的平衡状态，目光应保持平视，并对场上的情况保持警觉。

3. 跳

跳是运动员在场上争取高度和远度的一种方法。

(1) 双脚起跳

在跳跃过程中，双脚张开，双膝迅速下蹲，双臂做相应的后摆，上半身稍微前倾。接着，双脚用力地蹬向地面、伸展膝盖和提起腰部，双臂快速地向上摆动，让身体得以上升。上半身应保持自然的伸展动作，同时收紧腰部并让下肢保持放松状态。在触地的过程中，首先使用前脚掌接触地面，然后屈膝以减缓身体下落时产生的压力，从而维持平衡状态，以便更好地执行下一个动作。

(2) 单脚起跳

在起跳的过程中，要先让脚后跟接触地面，然后迅速屈膝过渡到前脚掌并用力蹬地。同时，抬高腰部和手臂，而另一只腿则要积极地抬起膝盖，这样可以帮助身体的重心向上移动。当身体达到最高点时，摆动的腿会自然地放下膝盖，并与起跳腿紧密接触，以实现空中动作的和谐统一。着陆时，确保双脚是分开的，并要特别注意屈膝作为缓冲，这样可以更快地完成其他的动作。

4. 急停

急停是运动员在跑动中突然制动的一种动作，也是各种脚步动作衔接和变化的过渡动作。

(1) 跨步急停（两步急停）

当运动员在高速跑动时突然停止，他们首先向前迈出一大步，然后从脚后跟着地过渡到全脚抵住地面，接着迅速屈膝，同时身体轻微地向后仰，然后后移重心。当脚接触地面时，稍微将脚尖向内旋转，然后用前脚掌的内侧来蹬住地面。此时，两膝会弯曲，身体稍微侧转，轻微前倾，重心会移到两脚之间，双臂在屈肘时会自然张开，以帮助维持身体的平衡。

（2）跳步急停（一步急停）

当运动员以中到慢的速度移动时，他们可以使用单脚或双脚进行起跳（通常距离地面不是很高），上半身稍微向后仰，两脚同时平行着地，落地时全脚掌接触地面，用前脚掌内侧蹬住地面，两膝弯曲，两臂屈肘微张，以保持身体的平衡。

5. 转身

转身是一种特殊的动作，运动员一只脚向前或向后蹬出，另一只脚则执行中枢脚的旋转，从而改变身体的运动方向。当进行转身动作时，身体的重心会转向中枢脚。当另一只脚的前脚掌接触地面时，中枢脚会以脚的前掌为中心，用力碾过地面。随着脚部的移动，上半身也会随之转动，并通过肩部来改变身体的前进和后退方向。当身体进行移动的时候，要确保身体的重心保持稳定，以避免不必要的起伏。

转身后重心应在两脚之间，根据转身方向分为前转身和后转身。

①前转身：移动蹬地时，向中枢脚前方进行弧形移动。

②后转身：移动蹬地时，向中枢脚后方进行弧形移动；行进间后转身，以前脚为中枢脚用力碾地旋转，后脚蹬地快速做后转身。注意控制身体重心，保持身体的平衡。

6. 跨步

跨步是运动员一只脚为中枢脚，另一只脚向前或者向侧跨出。

7. 滑步

滑步是运动员用于防守的主要方法之一，可以在保持身体平衡的同时向其他方向移动。根据滑动的方向可分为侧滑步、前滑步、后滑步、碎步（滑跳步）4种。

（1）侧滑步

站立时双脚保持平行，双膝有深度地弯曲，上半身轻微前倾，双臂则向两侧伸展。当运动员向左侧滑步时，需要用右脚的前脚掌内侧来蹬地，而左脚则需要向左跨出。落地时，右脚会紧随其后滑动，逐渐靠近左脚，然后左脚继续跨出。在这个过程中，要注意保持屈膝和低重心，确保重心始终保持在两脚之间，并直视对方。而右侧的滑步动作则是相反的。

（2）前滑步

两脚前后站立，滑步时后脚前脚掌内侧蹬地，前脚向前跨出一小步，着地后，后脚紧随着向前滑动，保持前后开立姿势。

（3）后滑步

与前滑步相反，只是向后滑动。

（4）碎步

双脚平行展开，稍微宽于肩部，膝盖呈弯曲状。在移动过程中，两脚的前掌持续不断地蹬地，并用小而快的步态朝左、右、前、后方向移动。在移动过程中，应保持防守姿态，步幅应减小，上半身不应出现起伏。

8. 后撤步

后撤步是一种让运动员保持有利位置的起步方式，通常采用后撤步来移动和拦截，同时结合滑步和跑步，将前脚转变为后脚。

在撤步过程中，使用脚的前掌内侧进行蹬地动作，同时腰部向后旋转。在前脚后退的同时，后脚的前掌也会碾过地面。完成后撤脚落地后，紧接着进行滑步，以维持身体的平衡和防御姿态。行动要迅速，并保持身体平衡。

9. 攻击步

攻击步是一种让防守球员突然向前推进的技巧。这种进攻方式是由防守球员用后脚踢向地面，前脚向前迈出，逐渐靠近对方，与此同时，前脚的同侧手会伸出进行抢球、击球或干预对方的进攻。

10. 绕步

所谓的绕步，是指绕过敌人并向侧方跃出或跳出。绕步分为绕前步和绕后步，在执行绕前步的动作时（以右侧绕前防守为例），右脚向右斜前方迈出半步，左脚迅速蹬地绕过对手并向侧方跨出或跃出。在这个过程中，腰部和胯部需要施加足够的力量，而手臂则需要根据防守需求做出相应的摆臂或妨碍等动作。绕后步和绕前步的动作是一样的，只不过是向后方越过并绕过。

（二）传接球技术

在篮球比赛中，传球是一种进攻队员有目标地转移球的方式，它是进攻队员在场上相互联系和组织进攻的桥梁，是实现战术配合的具体方式。传球技巧直接决定战术的执行质量以及比赛结果。精准而巧妙的传球技巧，可以打破对手的防守策略，为他们提供更多、更优质的投篮机会。[①]

1. 双手胸前传球

在比赛中，双手胸前传球被广泛认为是最基础和最常用的传球技巧。利用这种方式传出的球不仅速度快、力量强，还可以在各种方向和距离上发挥作用，同时也非常适合与投篮、突破等其他动作相结合。双手持球的技巧是：两只手的手指自然分开，拇指形成一个八字形，然后从指根以上的位置持球，手掌空出，两肘自然弯曲在身体两侧，将球放置在胸部和腹部之间，身体保持站立姿态。

在进行传球的过程中，当身体的重心前移和后脚蹬地时，前臂迅速向传球的方向伸展，用拇指施加压力，手腕向前弯曲，而食指和中指则用力地拨动球，使球得以传出。球被传出后，身体迅速调整到站立姿态。

在进行长距离传球时，需要增强蹬地、伸展手臂以及腰部和腹部的协同发力；当传球的距离增加时，蹬地和伸臂的动作范围也随之扩大。双手的胸前传球可以在原地或跑动时完成。在跑动过程中，双手在胸前接球与传球构成了一个连续的动作。在接球的过程中，手和脚的动作需要高度协调和配合，通常是先用左脚（或右脚）上步接球，然后用右脚

---

① 卢永雪，刘通，龙正印. 体育教学技能训练［M］. 成都：电子科技大学出版社，2019.

（或左脚）上步，最后用左（或右）脚抬起并在触地之前将球抛出。传球时，首先双手接住球，然后迅速收臂并向后拉，紧接着迅速伸展前臂，手腕前倾，用手指拨动球将其传出去。

2. 单手肩上传球

在中远距离传球中，单手肩上传球是一种常用的策略，其特点是在传球过程中施力较大，球的飞行速度也相对较快，因此常用于长传快攻。运动员双手紧紧抱住球，双足平行展开。当用右手进行传球的时候，左脚需要向传球的方向迈出半步，然后用右手和左手的力量将球引导到右肩的上方。此时，右肩关节会展开，大臂和小臂会自然地弯曲，手腕会稍微向后弯曲。持球时，左肩会面向传球的方向，而重心则会落在右脚上。在进行传球的过程中，用右脚蹬地发力并同时转动身体以带动上臂，用肘部先于前臂，手腕前倾，最后用食指、中指和无名指用力地拨球将其传出。

3. 单手体侧传球

单手体侧传是一种近距离传球技巧，外围队员在将球传给内线的队友时，经常采用这种技巧，并与跨步、突破等假动作相结合，效果尤为显著。双脚张开，双手紧紧抱住球在胸前。当用右手进行传球的时候，左脚在向左前方迈出一步的同时，也会将球引到身体的右侧，然后用右手单手持球。在出球的那一瞬间，持球者的拇指朝上，手掌朝前，手腕则向后弯曲。在进行传球的过程中，前臂会向前进行弧形摆动，手腕则会向前弯曲，而食指、中指和无名指则会用拨球的方式将球传出去。

4. 双手头上传球

双手将球高举过头顶，两肘弯曲，持球的方式与双手胸前传球是一样的。在进行近距离传球的过程中，需要前臂向内旋转，手腕稍微前倾，然后用拇指、食指和中指用力拨动球，并将其传出。当传球的距离相对较远时，需要用脚蹬地，腰部和腹部施加压力，快速将前臂摆向前方，手腕稍微前倾，然后用手指用力推动球，并将其传出。

5. 反弹传球

反弹传球时，向前下方用力，击地点根据防守者的位置决定，一般应在传球者距接球者三分之二处。球弹起的高度一般在接球人的腹部为宜。

（三）接球技术

1. 双手接球

在接球的过程中，目光紧盯着飞来的球，伸展双臂迎球，手指自然地向前上方分离，两个拇指形成一个"八"字形的半圆形结构。当手指接住球后，两臂会跟随球后移，以减小球的冲击力，并在胸部和腹部之间稳稳地接住球。

2. 单手接球

以右手为例，在接球的时候，用右脚朝球的方向走去，目光注视着来球，手掌成勺形，手指自然分开，右臂向来球的方向伸出，然后顺势将球向后下方拉，左手立刻将球接在胸腹之间，保持站立的姿势。

（四）运球技术

运球是球员控制球移动的唯一方式，通过运球，可以调整进攻位置，吸引对手，摆脱、突破防守，从而进行有效的进攻配合。在运球的过程中，两膝需要保持适当的弯曲，上半身稍微前倾。抬头并观察比赛场地，以肩部关节为中心，上臂施加力量，肘部逐渐放松，手指自然放松。使用手指、指根和手掌的边缘来控制球体，根据球的方向和速度改变击球的位置，需要注意身体之间的协调和力量的配合。在运球的种类中，我们可以看到高运球、低运球、急停、急起、体前变速变向运球、背后运球、转身运球以及胯下运球等多种动作。

（五）投篮技术

投篮是比赛的唯一得分手段，是一切进攻、防守战术的最终目的和攻守矛盾的焦点。

1. 原地单手肩上投篮

以右手为例，双脚左右分开，右脚稍微靠前，身体的重心位于两脚之间，弯曲肘部，手腕向后仰，五指自然分开，掌心空出，持球在右肩前上方，左手扶球左侧，两膝微弯，上身稍微前倾，目视投篮点。在投篮过程中，需要用下肢蹬地、伸腰、展腹、抬肘伸前臂、手腕下压，然后用食指和中指用力拨球，将球投出。

2. 行进间单手投篮

以右手为例，当球在空中移动时，右脚向篮筐方向迈出一大步，同时接球，左脚向前迈出一小步，上身稍微仰起，脚后跟先着地，然后迅速过渡到前脚着地，然后用力蹬地起跳，右脚屈膝上提，左脚蹬离地面，同时双手向前上方举球，腾空后，右臂向前上方伸展，将球送入篮筐。

3. 跳起单手肩上投篮

以右手为例，双手分别持球在胸部和腹部之间，两脚左右（或前后）分开，膝盖轻微弯曲，重心落在两脚之间，目光注视篮筐。在起跳过程中，两膝应适度弯曲（如果前后分开则可以向前迈出一步），下肢应用力蹬地，然后提腹伸腰，迅速向上摆动手臂并跳起。双手应将球举在右肩上方，左手应扶球左侧。当身体达到最高点或接近最高点时，左手离球，右臂向前上方伸直，手腕前屈，然后通过食指和中指拨球将球投出。

（六）防守技术

1. 防守的基本姿势与侧滑步

双脚稍微比肩宽一些，膝盖弯曲以降低身体的重心，双臂展开，腰部挺直，胸部微微前倾。当你向左边滑动时，左脚应该向左迈出一步，而当左脚触地时，右脚也应该蹬地滑动。在滑行过程中，始终维持膝盖弯曲和低重心的姿态，确保身体重心保持稳定，避免身体上下移动。

2. 前滑步

右臂、右腿在前，左臂、左腿在后，右（前）脚向前跨出一小步，落地后，左（后）脚随着向前滑步，保持身体重心在两腿之间。

3. 防守的攻击步与打球动作

很多运动员选择低重心的方式进行防守，其中右臂和右脚位于前方。当防守方注意到进攻方的持球动作显得较为明显时，他们会迅速用右脚向前迈出一步，并用右手从下往上进行击球，这样的动作需要突然且迅速的。在防守时，重心应保持在较低的位置。当对方还没打到球的时候，应迅速用前脚蹬地，两脚向后滑步进行防守，这样可以避免对方的突破。而当对方尝试投篮时，应再次上步进行防守。

4. 防守投篮的基本姿势和位置

防守球员面对持球者，他们之间的距离大约是 1 米，两只脚斜向前后分开，其中前脚（也称为右脚）位于持球者与篮筐的直线上；先将前脚（右脚）的同侧（右侧）手臂抬高，然后进行投篮，接着将后脚（左脚）的同侧手臂（左手臂）向侧面下方伸展。在持球人执行突破动作的时候，防守人会迅速降低重心，并迅速撤步以封锁路径。

5. 防接球基本姿势和位置

当进攻者试图从底线到距离篮筐更近且具有威胁的位置去接住球时，防守者会采取低重心的防守姿态，并紧逼进攻者，同时用球的侧臂（即左臂）伸出以阻止接球；当进攻方从潜在的危险区域接球时，防守方需要迅速定位到一个既能避免对方投篮，又能避免对方突破的位置；在对方持球进行突破的情况下，防守方需要利用滑步技巧来占据对方的防守位置。

6. 防运球突破

作为防守者，应当维持一个低重心的防守姿态，并确保与进攻者之间的距离既能有效防止投篮，也能有效防止突破。在进攻者执行跨步假动作并向左方运球突破的过程中，防守方采用侧滑步的方式进行移动，始终确保有足够的空间来拦截球，从而迫使进攻者将球移向对方的侧边线，并阻止其向篮下运球。

7. 对进攻者运球时和运球停止后的防守

当进攻者开始运球时，防守者的前脚应该对准进攻者的躯干，而另一只脚应该保持在斜后方，这种偏向一侧的防守位置可以迫使进攻者向另一侧运球。在进攻方向右侧运球的时候，防守方应当首先调整左脚的位置，并采用滑步的方式来进行防守。当进攻方不再进行运球动作时，防守方应迅速前进，双脚平行展开，向对方逼近以施加压力，但同时也要避免犯规行为。

（七）抢篮板技术

在篮球赛事中，争夺篮板球是获取控球权的关键策略之一。在进攻过程中，妥善管理篮板球不仅能提升进攻频率和投篮得分的可能性，同时也有助于增强球员投篮的自信，并降低对方发起快速进攻的可能性。在篮球运动中，抢篮板球是一种关键的攻防转换手段，也是控制球权的重要手段，对比赛的胜负产生直接影响。[①]

现代篮球比赛的激烈程度，主要体现在争夺篮板球的过程中。因此，在篮球比赛中，运动员在争夺篮板球的过程中，必须展现出勇气和魄力。此外，精通篮板球的技巧、出色的身体条件、丰富的实践经验以及强烈的篮板球争夺意识，都是提升篮板球技能的关键要素。因此，在训练过程中，除了确保运动员能够准确掌握抢篮板球的技巧和动作外，还需要培养他们的拼搏精神，全方位地提升运动员的专业身体素质，合理地安排抢篮板球的战术，并识别本队与对手在投篮方面的独特特点，这样才能在激烈的篮板球争夺中获得优势。

1. 抢篮板球的技术动作要点

（1）抢占有利位置

我们需要努力在对方和篮筐之间找到一个有利的位置。在争夺篮板球的过程中，需要准确判断球的落点，并运用各种模拟动作进行冲抢。在争夺篮板球的过程中，需要特别注意使用转身的方式来阻挡对方，首先要成功挡下对方，然后进行篮板球的争夺。无论是争夺篮板球还是防

---

① 谢宾，王新光，时春梅. 高校体育教学与运动训练研究 ［M］. 长春：吉林人民出版社，2021.

守篮板球，都需要在对方和篮筐之间占据有利的位置。

（2）起跳动作

在起跳过程中，双腿轻微弯曲，重心逐渐下降，上半身微微前倾，双臂弯曲并将肘部高举在身体两侧，重心应放置在两脚之间，仔细观察并判断球反弹的方向，以便及时进行起跳。在起跳的过程中，双脚用力地蹬向地面，同时双臂向上摆动，手臂向上伸展，腰部和腹部同时发力，确保身体得到充分的伸展，并维持身体的平衡。

（3）抢球动作

抢球的动作分为双手、单手和点拨球。在争夺篮板球的过程中，当手指触碰球的那一刹那，双手紧紧抓住球，利用腰部和腹部的力量，迅速把球拉到人的胸部和腹部，同时用两肘向外展开，以确保对球的掌控。在篮板球争夺中，当单手跳跃达到最高点时，应迅速用指尖触碰球，然后迅速弯曲手指、腕部和肘部，收臂并下拉，同时用另一只手扶住球并将其控制在胸部和腹部。点拨球指的是在跳跃至最高点时，利用指尖指向球的侧面或下方。当成功夺取篮板球时，可以选择补篮、投篮或者迅速将球传给队友以重新组织进攻。当防守球员抢到篮板球时，他们可以选择在空中传球，或者在落地后迅速将球传出，或者在运球突破后迅速将球传给队友。

2. 抢篮板球的技术动作特点

（1）必须具备勇猛顽强的作风和每投必抢的思想及行动准备

在现代篮球运动中，全方位的高水平对抗主要体现在争夺篮板球的激烈和身体接触的频繁性。那些害怕冲撞和身体接触的运动员，要想抢到篮板球是相当困难的。如果一个人不敢与竞争对手进行激烈的身体对抗，任由对方随意占据位置，那就相当于将争夺篮板球的有利位置和主动权让给了对方，从而让对方获得了抢篮板球的优势。在"狭路相逢勇者胜"的理念下，首要任务是培养出一种勇敢、坚韧以及敢于拼搏和抢夺的精神风貌。接下来，我们必须为每一次投篮做好充分的心理和行动准备，如果错过了机会再去抢球，很可能会比对手慢半拍，从而失去最佳的机会和位置。即使一个队员的身体和技术都非常出色，如果他没有那种每次投篮都要抢的决心和行动准备，当他的表现不佳时再去抢球，就可能会比对手慢半拍，从而失去了最佳的位置和机会。即使是身体条件出色的队员，如果没有每次投篮都全力以赴的精神，那么也很难在抢篮板的时候占上风。

（2）掌握篮板球反弹的基本规律

要想迅速并准确地判断篮板球反弹的方向，并迅速、及时地占据有利的位置，必须熟练掌握这一规律。篮板球的反弹方向与投篮的距离、角度、篮圈、篮板以及球的弹性都有着紧密的联系。我们必须深入了解篮板球的抢夺规则，准确评估投篮未能命中的球的反弹方向和落点，以便及时抢占有利的位置并起跳抢球。为了在比赛中获得优势，我们需要培养每次投篮都要抢、从外投到内抢、从左（右）到右（左）抢的优良习惯，并加强对篮板球的渴望与意识。

（3）增强"挡"和"冲"的意识，抢占有利位置

为了抢篮板球，占据有利的位置是至关重要的一步。如果想要培养出强烈的"挡"和"冲"意识，就必须让队员深刻理解篮板球在比赛中的重要性，并明白"谁能赢得篮板球，谁就能赢得胜利"的道理。只有当我们对篮板球的价值有了深入的了解，我们才能全心全意地参与篮板球的争夺。在执行投篮动作时，应当努力在对方和篮板之间找到一个有利的平衡点，以便将对方阻挡在后方。即使无法夺取内线的位置，也应该努力靠近对方的侧边。如果已经被对方阻挡在后方，那么应该努力运用挑拨性的技巧，将球推到对自己有利的位置上。

在执行起跳和争夺篮板球的过程中，关键在于有效阻挡对方。运动员可以采用前后转身的策略，将对方挡在自己的背后，从而阻止进攻的队员向篮下冲刺。同时，双臂弯曲并展开，扩大阻挡的范围，以避免对方的挤压。要想在进攻篮板球中取得胜利，关键是要进行冲抢。由于进攻者的位置在外线，因此在投篮后，如果球在空中飞行，就需要判断球可能的反弹方向，然后突然启动，插入防守者的位置，或者通过假动作

如虚晃来绕过防守者抢球。运动员也可以选择向后转身，挤到防守球员的旁边，从而占据一个有利的位置。

（4）及时起跳，充分伸展，扩大控制范围

只有及时跳起来，才能在最高点抢到篮板球。在准备起跳之前，运动员需要确保自己处于有利的位置，将对方阻挡在后方，双膝弯曲到大约135°，双臂轻微下垂以扩大控制区域，目光集中在球上，并进一步确定球反弹的方向、高度和落点。在起跳的过程中，两腿同时用力蹬地，双臂向上摆动，双腿同步发力，全力以赴地跳到最高点去争夺篮板球。当与竞争对手处于平行或不利的位置时，双臂轻微展开并抬高至肩部，以扩大控制范围，从而使对方的手臂难以过度举起，从而阻挡对方起跳和空中移动。

当起跳后球落在侧面或背后时，需要利用腰部和腹部的力量，将上半身和手臂伸向球以夺取它。起跳时，需要使用上步、撤步或跨步进行起跳。在起跳之前，如果与对手有过身体接触，应主动施加力量，紧贴对方，以确保在起跳之前先于对方并保持身体的平衡。

（5）空中抢球要牢固，落地保护好球

在执行起跳和抢球的动作时，拼抢环节异常剧烈，一旦抢到球，就必须紧紧抓住它，否则极有可能再次失去球权。因此，在起跳腾空之后，需要用肩膀和背部来遮挡对方，确保手臂和身体完全伸展，然后用双手（或单手）进行抢球。当指尖接触到球时，要在腰部和腹部施加力量，弯曲手指和腕部，收回手臂，并将球拉到腹部前方。当单只手在抢球时，另一只手需要迅速支撑住球。

在抢球之后，通常需要双脚同时触地、弯曲膝盖、降低重心，并使上身稍微前倾，以维持身体的平衡状态。要巧妙地运用转体和跨步的技巧，持续调整球的位置，避免对手的抢夺、击打，或者将球放置在距离对方较远的地方，以确保对球的控制。在成功夺取前场篮板球之后，应迅速进行第二轮进攻的衔接，如迅速运球、突破或传球，然后发起快速反击。

3. 抢篮板球技术训练时应注意的问题

一是在进行抢篮板球技术训练时，要培养队员勇猛顽强的作风和积极拼抢的意识，养成"每投必抢"的习惯。

二是要使队员明确抢篮板的重要性，重视抢篮板球的训练。

三是要在掌握投篮不中时球的反弹、落点规律的基础上提高抢进攻篮板球时的"冲抢"意识和抢防守篮板球时的"挡抢"意识。

四是在练习抢进攻篮板球的过程中，需要将投篮和补篮的技巧融合在一起；在进行抢防守篮板球的训练时，需要将快攻传和快攻接技巧融合在一起，以实现抢篮板球技术与攻防战术的有机结合。

五是注意加强身体素质的训练，特别是弹跳能力训练，既要加强基本功练习，又要加强在有对抗情况下的训练。

（八）持球突破技术

1. 交叉步持球突破

以防守球员在左侧的突破动作为例。在进行突破时，左脚掌的内侧用力蹬地，然后迅速向右前方迈出一大步，同时弯下腰、屈膝、上半身、右转、探肩，靠近对方的身体；当右脚即将离开地面时，立刻用右手把球拍推到右前方；迅速用右脚蹬地并跨步，以更快的速度超过了对方。

关键环节：蹬地、跨步、转体探肩动作连贯，蹬跨第一步要大，紧贴对手；第二步加速要快。

2. 同侧步持球突破

以防守球员在左侧的突破动作为例。在进行突破的时候，左脚掌内侧用力蹬地，然后右脚迅速向右前方跨出一大步，同时上半身稍微右转，左肩下压，用右手将球放在右脚侧前方，左脚迅速跨步抢位，然后用右手推拍球，以加速超越对手。

关键环节：跨步、放球快速连贯，中枢脚离地前球要离手。

3. 跨步急停持球突破

在队友传球的过程中，要迅速伸出手臂去接住球。当球落地时，屈膝并降低重心以维持平衡,确保对球的控制,接着根据防守球员的具体位置和状况选择交叉或同侧的步伐来突破防线。

关键环节:摆脱移动,伸臂迎球和跨步的衔接要协调连贯,接球急停要稳,确定中枢脚,起动要快。

(九)防守对手

防守对手是防守队员合理地运用脚步移动和手臂动作,积极主动地抢占有利位置,阻挠和破坏对手进攻的行动。

1. 防守无球的对手

当面对没有球的对手进行防守时,应根据球和对方的当前位置来确定并调整防守策略。当竞争对手站在有球侧(即强侧)的位置时,应当采用错位的防守策略,也就是站在球与对方传球路径的内侧,面朝对方、侧向球,以便更接近对方。在对方处于弱侧(即无球侧)的情况下,应当向球和球篮的方向靠近,采用侧向人和面向球的站立方式,以减轻防守的压力。在移动的过程中,通过手臂动作来扩展防守范围。

关键环节:抢占位置,积极移动。

2. 防守有球的对手

在进行防守的时候,如果对方接到球,防守者需要迅速调整自己与对方的位置和距离。在成功占据对方与篮筐之间的有利位置后,应与对方维持适当的距离。距离篮筐远则距离远,距离篮筐近则距离近,根据对方的意图和球篮的距离,采取平步或斜步防守,并合理运用抢球、打球、断球等技巧。

关键环节:判断准确,动作突然,保持身体平衡。

二、篮球运动战术教学与训练

(一)队员的位置和分工

1. 控球后卫

在球场上,控球后卫拥有最多的接球机会。首先需要确保球从后场安全转移到前场，然后将其传递给其他队员，为他们创造得分的机会。控球后卫需要具备出色的运球技巧，必须在有防守球员的情况下，安全地将球带过半场。此外，控球后卫还需要拥有出色的传球技巧和组织协调能力，以便更好地组织本队的进攻，并使队友的进攻更加流畅。对一个控球后卫来说，还存在其他几项要求。

从得分的角度看，控球后卫通常是队伍中最后的得分者，这意味着当其他队员都没有得分机会时，他需要有很强的得分能力。简言之，控球后卫遵循一个恒定的准则：当他的队友在场上有更好的机会时，他必须将球交给那些有更好机会的队友。对于控球后卫来说，命中率的要求相当高，通常需要超过五成，这比小前锋和得分后卫要高，而外线和切入则是他们不可或缺的两个优势。

2. 小前锋

在整个球队里，小前锋无疑是得分的关键人物。对于小前锋来说，最基本的期望是能够在较远的距离内得分。当小前锋接球时，他首先考虑的是如何将球准确地投进篮筐。他或许擅长抓篮板、传球、弹跳和防守，但这些技能并不是最关键的。小前锋的主要职责是得分，这一位置对命中率的要求相对较低。通常，超过四成的命中率是可以被接受的，但前提是他必须有得分的能力。小前锋的命中率为何能够相对较低呢？这是因为他在队伍中是主要的得分者，他总是积极地寻找投篮的机会，有时甚至会以相对困难的方式单独进攻以提振团队士气，甚至向对方展示自己的实力。在某些关键时刻，他还需要稳定军心，并给予对方猛烈的打击。因此，小前锋有更多的得分机会，虽然有些并不是理想的时机，但是只要能得分，我们可以允许其投篮命中率略有降低。

3. 大前锋

尽管大前锋在队伍中经常需要抢下篮板、进行防守和卡位，但当涉及投篮和得分时，他往往成为最后一位。大前锋的主要职责是确保篮板球的稳定。大前锋需要肩负起整个队伍的篮板任务，并在禁区内与中锋紧密配合。在进攻的过程中，他经常站在队友的一方进行挡人，并在队友行动后努力挤入篮下抓篮板，进行第二轮的进攻。在大多数情况下，只有很短的时间会要求大前锋进行低位单打，这时他会在禁区附近进行一些翻身和小勾射等近距离的进攻。

考虑到大前锋通常很少进行投篮，并且他们的投篮位置往往离篮筐非常近，因此对他们的投篮命中率的要求自然也相对较高。从场上的 5 个位置来看，大前锋的命中率应该是最高的，通常应该超过五成。然而，由于他并不擅长得分，只要他能抓到更多的篮板，他的得分就不会太高。另外，在防守时展现出的技巧也是大前锋不可或缺的，因为为了稳固禁区，防守显得尤为关键。简言之，大前锋的职责主要集中在篮板和防守两个方面。

4. 中锋

中锋的命名是基于他们在比赛中的具体位置和活动范围，他们可以被划分为第一中锋（主导中锋）和第二中锋（主导中锋）。中锋球员应当具备高大的身材、冷静的头脑、敏捷的动作，拥有出色的耐力和跳跃能力，技术上要全面，擅长在篮下进行精准的投篮和抢篮板，同时还需要有出色的防守技巧。

中锋在与对方身体接触时，经常执行进攻和防守的动作。因此，在执行各种动作的过程中，需要积极主动地施加力量，并进行有效的对抗。中锋需要积极地参与组织和快速进攻，一旦成功抢到篮板球，就能迅速将球传给摆脱了防守的队友，然后及时发起快攻。在进行阵地进攻时，中锋需要降落在对方的篮下，通常他们的活动范围是距离篮下大约5 米。中锋采用了多种策略来得分，并具备掩护的能力。作为中锋，他们需要熟练掌握各种传球技巧和投篮方法，主动争夺篮板球，并组织进攻或限制对方的防守。当中锋执行防守动作时，他们需要迅速后退并占据有利的位置。

5. 得分后卫

得分后卫需要展现出冷静、机敏和果断的态度，他们应该具备出色的观察力、判断力，以及高度的篮球意识和组织指挥能力。得分后卫不仅需要拥有灵活的运动能力，还应具备全方位的技术能力，以及出色的控球和掌控比赛节奏的技巧。根据得分后卫在比赛中的角色和表现风格，可以分为组织型、攻击型和全面型。得分后卫的进攻活动主要集中在罚球弧顶及其附近的区域，得分后卫的主要职责是组织整个队伍的进攻。得分后卫不仅需要擅长向队友传球以创造投篮机会，还需要擅长中远距离投篮和持球突破篮下得分，以充分发挥核心队员的组织能力。

当得分后卫从进攻转向防守时，他们应该站在防守的前沿，擅长拦截对方的传球，从而使对方的进攻受到阻碍。在后场的防守活动中，除了密切关注对方或主动阻止外围进攻队员进行中远距离的投篮或传球，还需要精准协助队友进行夹击和防守，以及积极进行抢断。当队伍得分后，应当主动参与快速进攻，确保及时地支援和迅速地前进，确保整个队伍的快速进攻取得预期效果。

（二）进攻与防守战术

1. 进攻

篮球的进攻策略指的是在篮球比赛中，合理运用进攻队员的个人技能，以及队员之间的有效协同和配合。战术的核心目标是确保所有队员行动协同，在一个统一的策略指导下，最大限度地利用每位进攻队员的进攻能力，针对对方的弱点进行攻击，从而获得更多的进攻机会，并努力赢得比赛的胜利。[①]

在篮球比赛中，进攻战术的基础配合指的是两到三名队员之间的简单合作。这构成了整个团队进攻策略的核心，每一种全面的进攻策略都与基础的协同作战密不可分。因此，对基础配合的熟练掌握和应用，对于提升学生在整体进攻战术配合和战术意识方面具有至关重要的作用。在进攻策略中，基础的配合包括传切（包括空切）、突分、掩护和策应等多种方式。

（1）传切

传切配合指的是队员间通过传球和切入技巧形成的简洁合作方式。

---

① 董芹芹. 体育项目管理［M］. 武汉：华中科技大学出版社，2018.

它分为一传一切与空切两类。在比赛中，传切配合被视为最基础且操作简便的战术搭配。传切配合的基础准则是：首先，团队成员之间的配合距离需要适当扩大，同时切入的路径也需要是合适的；其次，切入队员需要运用假动作来迷惑对方，精准地把握摆脱对方的时机，并在切入过程中紧贴对方，动作要迅速而突然；最后，传递球的队员需要行动隐秘，确保传球既及时又准确。

（2）突分

突分配合是一种特殊的战术，当持球的队员成功突破对方防线，并在对方补防的情况下，迅速将球传递给最合适进攻的队友，以实现有效的攻击。突分配合的基础准则是：首先，在进行突破动作时，需要表现得既突然又迅速，在准备投篮的同时，需要密切观察攻防队员的位置变化，以便能够及时并准确地进行传球；其次，接球的队员需要精准把握时机，迅速摆脱竞争对手，并迅速占据有利的位置进行接球和投篮。

（3）掩护

掩护配合是一种战术，进攻队员通过合理的身体动作来阻挡队友防守者的移动路径，从而使队友能够摆脱防守状态，并创造出接球、投篮或进攻的机会。掩护的配合方式有很多种，根据掩护者和被掩护者的身体位置，可以分为前掩护、侧掩护、后掩护。根据掩护者的移动路径、方式和变化，存在反掩护、假掩护、运球掩护、行进间掩护、连续掩护等不同的掩护方式。掩护配合的基础准则是：首先，在掩护过程中，身体姿态必须是准确的，双脚张开，上半身应稍微前倾，双手弯曲肘部并放置在身体侧面或胸前，保持适当的距离，同时身体应保持静态，以防止掩护违规行为；其次，掩护的目的是让队员通过投篮和压切等手段，吸引对方靠近并集中注意力，从而为团队合作创造有利的环境；再次，当需要掩护时，队员之间的合作必须精准把握时机和变化策略；最后，在组织掩护配合的过程中，需要创造中投和突破的机会，并且要注意将这些机会与内线进攻结合起来。

（4）策应

策应配合指的是，当内线球员背对或侧对篮筐并接住球后，以对方为中心，采用多种传球策略与队友的空切和绕切技巧相结合，以此来摆脱对方的防守，并创造更多的进攻机会。策应配合的基础准则是：首先，需要突然启动以摆脱对方占据的有利位置，接住球时双脚张开，两膝弯曲，两肘向外展开，并用自己的身体来保护球，同时，要密切关注场上的进攻和防守变化，并及时将球传给得分最好的队友进行投篮或亲自进攻；其次，在进行外围传球时，需要根据策应队员的具体位置和提供的机会，迅速并准确地将球传给策应队员，确保传球成功并迅速摆脱篮下，从而创造出进攻的机会。

2. 防守

在篮球比赛中，防守战术的基本配合是指在防守阶段，两到三名队员之间协同作战。这构成了整个团队防守策略的核心。因此，熟练掌握和运用防守战术的基础配合对于增强队员的防守意识和整个队伍的防守战术质量具有极其重要的意义。防守策略的基本配合涵盖了如挤过、穿越、交换、夹击和围守中锋等。

（1）挤过

在对方使用掩护的情况下，为了破坏对方的掩护配合，防守队员会在掩护者接近被掩护者的瞬间，迅速向前一步靠近对手，然后从两名进攻队员之间侧身挤过去，继续防守对手。当配合防掩护的队员察觉到对方的意图时，应当及时提醒被掩护者突破防守。挤过配合的基础准则是：在挤过的过程中，必须紧贴对方，在前进的步伐中，要展现出及时和有力的态度。负责防掩护的队员需要及时提醒对方通过，并做好换防的准备。

（2）穿越

在对方试图提供掩护的情况下，防掩护者应立即通知被掩护者，并主动后退一步，以便同伴能够及时穿越自己和掩护者之间，从而继续有效地防守对方。要成功地进行配合，基础要求包括：首先需要有防掩护能力的队员立即提醒队友，并主动让出通道，以便队友能继续有效地防御敌人；其次穿越防守的队员察觉到对方的掩护时，应该迅速调整自己的防守位置，并穿越对方的防线。

（3）交换

一旦对方成功地完成了掩护，那么掩护者和被掩护者应当迅速互换防守的对手。交换配合的基础准则是：防掩护者需要及时向同伴发出提醒，并进行互相换防。一旦更换了防守位置，防守人员需要迅速切断摆脱者的进攻路径，而被掩护者则需要迅速撤离并调整防守策略，确保掩护者不会转身并向篮下移动。

（4）夹击

夹击是指当两名或更多的防守者同时进行突然的动作时，封锁并包围持球者。夹击配合是一种主动且攻击性极强的防守策略，可以有效限制持球者的行动，从而制造对方的失误和抢断球的机会。夹击配合的核心要点是：首先选择合适的夹击位置和时机，当对手低头运球、转身运球或刚刚停止运球时，都是进行夹击的最佳时机，最佳的夹击位置是在边角和中线附近；其次，在夹击的情况下，防守方会用身体包围持球者，并同时挥舞双臂来封闭传球的角度，以便在合适的时机进行抢球或断球。

（5）围守中锋

这是一种由外围防守队员与内线防守队员共同协作，以防守对方中锋的协同作战方式。当对手的中锋具有强大的攻击能力时，可以选择使用围夹策略来降低其攻击力。围守中锋配合的基础准则是：首先，努力降低中锋接球的次数，负责防守中锋的球员需要主动移动以拦截对方的接球动作，在比赛的外围，他们对持球者施加强烈的压力，并积极地干预其向中锋的传球动作；其次邻近球和中锋的防守者，在成功防守对手的同时，也需要密切关注中锋的协同防守，当对方的中锋接到球的时候，应该立即进行围夹，组织对方的进攻，迫使对方的中锋将球传到外围。

（三）快攻与防守战术

1. 快攻

快攻是一种从防守转向进攻的战术，进攻方需要在对方还未完全部署防守的情况下，以最快的速度和最短的时间将球推向前场，以实现在人数和位置上的优势和主动性，是一种果断和合理的进攻策略。它的显著特性是迅速战斗和决策，使对手毫无防备。

快攻战术一般分为长传快攻、短传（结合运球推进）快攻、运球突破快攻3种。

（1）长传快攻

长传快攻是指当队员在后场接球后，迅速将球长传给那些迅速摆脱对方的快下队员。这种战术是一种偷袭方式，是基于精确的长传技术、快速奔跑和强行突破上篮等技术来实施的。长传快攻由于仅限于战术的启动和结束两个阶段，因此具有攻击时间短、速度快和配合简单的优点，是一种成功率相对较高的快攻战术方式。

（2）短传快攻

短传快攻是指当防守方接到球后，迅速采用短距离传球策略，直接向对方的篮下发起进攻。这一快速攻击方式以其灵活性、多样性和机动性为显著优势。由于参与配合的人数众多，很容易出现"以多打少"的情况，通常与运球突破的技巧相结合。

（3）运球突破快攻

运球突破快攻是指在防守球员接球后，运用运球技巧超越防守，将球传给比自己更有投篮机会的队友或自己持球。采用这种策略时，应该紧紧抓住有利的时机，简化关键环节，并提高进攻的效率，尤其是个人进攻篮下的时候。

培养快速进攻的意识是实施组织快攻的基础，必须把握好时机，确保接应、分散、转换、传球、推进和攻击都能迅速进行；全队成员需要保持行动的一致性，积极参与到快攻行动中，并以一种压倒对手的气势来完成快攻任务。在技术的应用中，我们需要坚决和精确。在战术的组织结构上，我们必须紧密相连。对手不会轻易减慢速度，而是深入队伍，从三个方向进攻，彼此协作，形成有序的策略。在快速进攻之后，要积极争夺篮板球以进行第二次进攻，如果快攻失败，需要与阵地进攻进行衔接，并及时切换到阵地环节继续进攻。

2. 防守快攻

所谓的防守快攻，是指在比赛从进攻模式切换到防守模式中，采取的一种能有效阻止和破坏对方快速进攻的战术手段。在防守快攻时，最核心的策略是增加本队的进攻成功率，从而降低对方发起快攻的可能性。

（1）拼抢前场篮板球

积极组织拼抢前场篮板球才有可能获得再次进攻的机会，同时也是立即转入封堵对方第一传的方法。

（2）封堵第一传

在防守快攻的过程中，及时封锁和阻止对方快速进攻的第一个传球是一个关键环节。通常情况下，当对手试图控制后场的篮板球、投掷界外球或进行抢断时，通常会选择近距离的主动封传、紧逼和夹击等策略。

（3）堵截接应点

在对方选择固定的接应策略时，我们应该迅速夺取对方的接入点，切断接应队员与第一传之间的联系，并控制他们的行动。在对方选择机动接应的情况下，防守队员应当迅速对对手施加压力，执行机动且紧绷的盯人防守策略，这样可以干扰对方的接应计划和动作，进而破坏或延迟对方的快速进攻和推进速度。

（4）防守快下队员

当进攻方发起快速进攻时，防守方的队员应当主动拦截中场球员，不论是对方徒手进攻还是通过运球突破，都应执行堵中放边的战术。防守方的后线球员需要在观察整个比赛过程的同时，迅速后退。在努力控制中场球员的过程中，我们也积极地采用防守和领防策略，争取占据有利的位置和路线，并紧追沿边线快速下冲的无球球员。

（5）以少防多

在进行快速进攻时，尤其是当防守方力量较弱而对方攻击力量较强时，防守方必须确保篮下的安全。基于进攻方的进攻策略，我们应迅速选择合适的防守位置，在进攻和防守之间找到平衡，并针对对方的弱点迅速展开进攻，利用攻击性的防守策略来打破对方的攻势。

随着篮球这项运动的不断进步，其战术结构也在持续地优化和升级。在采用防守快攻的策略时，现在队员的防守策略已从单一防守转变为整个队伍的主动防守。有的人负责封锁传递，有的人负责封锁接应，还有的人负责及时撤退、保护快下队员和镇守篮下，保护球篮等。整个团队从进攻转向防守，各负其责，行事井然有序。球队将进攻转为防守视为关键的战术策略，并且能够迅速且分层次地进行防守，这也被视为一个强队的显著特征。

（四）人盯人防守与进攻人盯人防守战术

人盯人的防守策略意味着每位防守球员都要防守一个进攻者，并在成功防守自己的对手后，实现团队之间的协同作战。人盯人的防守策略可以分为半场的人盯人防守和全场的紧张盯人防守。在进攻方的人盯人防守策略中，根据对方的防守范围和特性，可以将其划分为进攻半场的人盯人防守和进攻全场的人盯人防守两种。进攻队采用传切、策应、掩护和突分等多种战术组合，可以形成进攻人盯人防守的多样化全队战术。

1. 半场人盯人防守与进攻半场人盯人防守

（1）半场人盯人防守

在半场的人盯人防守模式中，从进攻模式转变为防守模式时，整个队伍会迅速撤退到后场执行人盯人的防守策略。在半场的人盯人防守策略中，根据防守的具体范围，可以分为半场的缩小人盯人策略（即控制在 3 分线之内）和半场的扩大人盯人策略（即控制在 3 分线之外的区域）。为了限制对方的 3 分投篮，防守球员不断扩大了半场人盯人防守的范围，使得对持球队员的防守变得更加严格。

①防守选位和移动

防守无球队员应该在对手和球之间，选择有适当角度的位置，做到人、球兼顾。离球越近，防守距离越近；离球越远，防守距离越远。

②防守配合方法

当进攻转为防守模式时，距离球较近的防守队员需要封锁第一传和接应，以防止对方发起快速进攻，然后迅速撤退到后场，找人进行半场人盯人防守。在进行防守掩护和进攻配合的时候，防守队员应当优先选择挤过配合策略，尽量避免使用交换防守的方式，以防止对方通过掩护配合压制小防区，从而保持防守的攻击性。

（2）进攻半场人盯人防守

在进攻策略中，半场的人盯人防守被视为最基础的战术，并在比赛中被广泛应用。因此，各个篮球队都应当熟练掌握在进攻半场时的人盯人防守策略。关于进攻半场的人盯人防守战术，其队形和战术手段如下所述。

①2—1—2队形

在罚球线附近站立的单中锋，采用2—1—2队形的进攻策略。这一进攻策略主要包括掩护和策应两种配合方式。采用掩护、策应配合、纵横穿插、移动左右、轮转的方式连续发起进攻，从而打破对方的防守，创造进攻的机会。

②2—3队形

中锋站在篮板下的位置，这是2—3队形，即采用单一中锋的进攻策略。这一进攻策略是由传球、切分、掩护、运球突破、分球以及策应配合共同构成的。在比赛中，外围队员采用了传切掩护和运球突破的策略，并结合中锋的掩护策略来发起进攻，从而创造了更多的进攻机会。

③1—2—2队形

双中锋篮下的位置安排，就是1—2—2的双中锋进攻策略。这一进攻策略是由掩护和策应两部分共同构成的。利用中锋的掩护和外围队员的交错移动，可以创造内线进攻的机会。内线的进攻给对方带来了巨大的防守压力，迫使对方缩减防守范围，从而为外围队员提供了中远距离投篮的可能性。双中锋的进攻方式不仅可以增强内线的进攻能力，同时也有助于篮板球的抢夺。

2. 全场紧张人盯人防守与进攻全场紧张人盯人防守

（1）全场紧张人盯人防守

全场紧张人盯人防守策略意味着从进攻转为防守时，每名队员都要迅速防守附近的对手，并在整个场地内紧密地观察他们。这种策略结合了个人的主动防守和整个队伍的合作，目的是破坏对方的进攻，从而实现进攻的转变，是一种具有高度攻击性和破坏性的防守策略。

这一战术的防守特点是移动范围广泛、竞争激烈、速度迅猛、强度高，并且需要具备高度的配合意识。它能够最大化地利用队员的优势，有效地限制对方的行动，打破对方的战术布局和常规打法，导致对方在心理和技术上出现紧张和失误，从而确保比赛的主导权。因此，在当代高水平的篮球赛事中，它被认为是一种具有最高杀伤力和出色战略应用效果的篮球防御策略。

全场的紧张盯人防守策略导致了与对手在场地上的激烈竞争，这使得防守的力量容易被分散，难以充分展现团队的协同防守能力。因此，防守球员不仅需要拥有旺盛的体能和出色的个人防守技巧，还必须具备坚韧不拔的意志和高度的团队合作意识。

①前场紧张防守

前场的防守策略是全场紧密盯着对方防守的关键环节，同时也构成了防守的首要屏障。前场的防守策略必须以夺取球为核心目标。当队员从进攻转向防守时，他们需要有目标地迅速定位自己的防守对手，迅速施加压力，迫使对方减慢前进速度，选择有利于断球和夹击的位置，并制造出强大的声势，从而在心理上给对方施加压力，迫使对方犯错误和违反规则。

鉴于进攻与防守的转变，前场的紧张防守策略也存在差异，一种是根据预定的任务进行固定的寻找，另一种是根据自己的地理位置近距离寻找。第一种找人策略具有很强的针对性，而第二种策略的执行速度更快。通常，当本队成功投中或罚中球后，对方在端线进行界外球投掷时，是最佳的紧追时机，这样可以更好地布置防守，最大化地展现出强烈的盯人防守效果。

②中场紧张人盯人防守

在前场的主要防守未能达到预期效果时，中场开始了激烈的争夺。在中场的竞争中，需要强化中路防守，迫使对手在边路进行运球或传球，创造夹击的机会，从而破坏对方的进攻。在中场的竞争中，防守球员需要展现出极高的默契，他们需要积极地进行夹击、抢防、换防和补防等多种配合策略，这样才能提升团队协同防守的水平，并获得更为出色的表现。

(2) 进攻全场紧张人盯人防守

在进攻过程中，需要严格控制全场的防守策略。我们需要深入了解这种防守战术的特性和规律。针对那些个人防守面积大、队员分散，不利于协同防守的弱点，可以从防守转向进攻，争取对方没有形成集体防守布局，迅速摆脱防守，利用传切、突分、掩护、策应等配合手段，不断加强对方防守的压力。也可以以进攻半场的人盯人防守配合为基础，有目的地展开全场攻击，争取比赛的主动权。

在全场进攻的紧张人盯人防守策略中，有几个关键点需要注意：①当对手选择全场的紧张人盯人防守策略时，首要任务是保持冷静和沉着，按照预定的步骤有针对性地组织进攻；②要紧紧抓住有利的时机，努力组织迅速的反击，确保球能够推进到前场；③在进行运球的时候，必须精准地选择突破的方向，避免在球的边缘停留，这样可以防止对方进行夹击，接球者在接住球的同时，需要密切关注场上的动态，并迅速将球传递给有最佳进攻机会的队友；④进攻队员在比赛中的站位需要维持适当的距离，扩大防守范围，以防止敌方的协同防守和双方夹击；要精准地掌握进攻的节奏，无球队员需要频繁地进行穿插，并持续执行传切、空切、掩护和策应等多种战术配合，以制造对方在防守方面的弱点，从而创造出突破和以多打少的战术机会；⑤在遭遇夹击的情况下，持球的队员需要在被夹击之前迅速将球传出，如果没有足够的时间进行传球，务必要小心保护球，并尽量通过跨步和转身来扩大自己的活动范围，以便更有效地将球传出，附近的队友应当迅速上前协助，以协助持球的队友摆脱双方的夹击；⑥在进行进攻传球时，应选择短而迅速的方式，尽量避免使用横向传球，并尽量减少使用高吊球和长传球。

进攻全场人盯人防守的方法很多，从进攻的形式上可归为两类：一是快速进攻法，二是阵地进攻法。快速进攻法是指由守转攻时动用快攻战术展开攻击。它是破坏全场紧张人盯人防守最有效的方法。具体方法可参阅快攻战术。阵地进攻法是一种策略，当防守转为进攻而没有快速反击的机会时，队员可以有组织地迅速调整位置和布阵，利用传切、突破、掩护和策应等手段来突破对方的严密防线，从而打破对方的防守布局。

（五）区域联防与进攻区域联防战术

1. 区域联防

区域联防是一种从进攻模式转变为防守模式的战术，全队成员迅速撤退到后场，根据各自的区域职责，负责对特定区域内的进攻对手进行防守，从而形成一种有序的防守阵型。这种战术将各个防守区域有机地连接在一起，并伴随着球的传递进行协同防守。在区域联防战术中，最显著的特性是守区防人防球和保篮。随着现代篮球战术逐渐走向综合化，区域联防战术也得到了显著的发展和完善。在进攻队员进行运球突破、空切或溜底线的动作时，他们会突破防守区域的界限，采用人盯人防守的策略，以加强防守时的换位、补位和协同防守的配合；扩展防守范围，并扩大共同防守的责任和区域；在比赛的上半场和全场的不同区域，结合区域联防和人盯人防守两种策略，衍生出了对位联防和区域紧逼等具有攻击性、针对性、机动性和伸缩性的防守策略。在区域联防中，有几个关键点需要注意。

当五名队员各自负责特定区域的防守时，他们必须相互配合，及时交换位置、护送队友，互相协助，保持高度的协同和一致性。特别是在防球方面，他们需要积极地随着球的移动而调整自己的位置。视具体情况而定，队员可以选择切换区域或跨越区域进行防守。

考虑到区域联防队伍的阵型、队员的身高和技术特长，我们应该合理地分配队员的防守区域，将那些快速灵活、擅长抢断球、反击快的队员分配到外线防守区域，而身材高大、补防意识强、善于抢篮板球的队员可以分配到内线防守区域。

对有球队员要靠近防守，按照人盯人防守的要求，积极地防守对手的投篮、传球和运球，阻挠其投篮和运球突破。

在对方没有球的队员进行防守时，对于距离球较近的进攻队员，需要迅速占据有利的防守位置，以减少对方在潜在威胁区域内的接球机会。此外，还需要协同队友执行如"关门""夹击"和"补位"等多种防守策略；对于距离球门较远的进攻球员，除了需要防守他们的背插和溜底线之外，还需要协助那些在篮下构成直接威胁的进攻队员。

在进攻球员进行投篮的过程中，务必执行"封盖"动作，并妥善安排篮板球的抢夺，以便从防守转向进攻。在进攻队员频繁穿插移动和改变进攻队形的情况下，防守队员不仅需要封锁他们的移动路径，还需要根据进攻队形来调整防守队形。

对中锋队员要采取侧前或绕前防守，封锁接球路线，尽可能不让其接球。

基于五名防守队员所处的防守地点，区域联防形成了多种独特的形式。区域联防策略能够有针对性地强化某些薄弱环节，使得队员们能够更容易地进行协同合作，并且可以根据进攻的具体情况来调整其他的防守阵型。随着实际应用的增加，区域联防的模式、队员的位置以及防区的分布变得更为均衡，其防守的机动能力也增强，特别适合于防守和正面进攻。[1]

2. 进攻区域联防

进攻区域联防是一种根据区域联防的独特性质不断变化战术布局的战术，它在篮球进攻战术体系中占据着关键的地位。对于进攻区域的联防策略，有几个核心要点需要考虑。

进攻区域联防的关键是以快制胜，无论何时何地获得球权，都应抓住机会，发起快攻，目的是在对方未落位分区布阵前进行攻击。

当快速进攻不能转化为阵地进攻时，需要布置针对性强的进攻区域联防阵型，并且在阵地进攻时要注意对方的防守弱点。在布置进攻策略时，可以采用突破口和远投手的策略，结合外投与内抢。考虑到区域联防的重要性超过内线防守，我们首先选择外线进行攻击以扩大防守范围，从而创造了一个防守的真空区域。在此基础上，我们采用了移动穿插、投击和突攻的策略，结合内外战术，确保在执行跟防、协防和补防任务时，既能防守又能攻击，从而寻找到更多的进攻机会。

---

[1] 王浩宇，段然. 体育教学中篮球运动技能形成规律探析 [J]. 科教导刊（电子版），2021（11）：263－264.

由于区域联防严防篮下有利于组织抢防守篮板球，因此，在投篮攻击后应组织拼抢进攻篮板球，并注意攻守平衡。

在制定进攻区域联防策略时，我们应该充分利用传切、策应、溜底线、背插、掩护和运球突破等多种战术配合，实施声东击西、内外结合的进攻方式，以此来打破防守阵型，创造更多的投篮机会。

准确的中距离投篮是进攻区域联防的重要手段。进攻队员应该利用两个防区之间的空隙果断地投篮。

第二节　排球与羽毛球运动技能的教学

一、排球运动技能的教学

（一）排球运动技术教学训练

1. 准备姿势和移动

为了快速启动并迅速靠近球，我们需要根据判断来选择准备姿态。对于初学者而言，做出正确的判断是至关重要的，同时也是教学和训练中的一大挑战。在移动教学训练中，启动的速度是最大的挑战，其关键在于准备的姿势与启动之间的连接。

（1）准备姿势

两脚自然开立，一前一后，双膝微屈，重心在两脚之间，脚后跟稍提起，身体放松微动，两臂自然弯曲置前，两眼平视前方。

（2）移动技术

抬腿弯腰的同时移动重心，快蹬一步。制动时，身体重心下降，双脚用力蹬地，站稳身体。

2. 发球技术

发球不仅是比赛的开端，同时也是一种先发制人的有力策略。在排球比赛中，发球是一种主要的得分方式，并且发球也是排球比赛中唯一不受他人限制的技巧。根据发球性能的不同，发球可以被分类为发飘球和发旋转球。发飘球技巧，主要包括正面上手发球、勾手发飘球以及跳发飘球。发旋转球技巧，主要包括正面上手发球、勾手大力发球、跳发球、正面出手发球、侧面出手发球、侧旋球以及高吊发球。

3. 垫球技术

基于比赛的实际需求，垫球的技巧分为发球垫球、接扣球垫球、接拦回球垫球以及垫击二传球。垫球技术有很多种，在教学的初始阶段，需要重点关注正面垫球，其教学和训练的难点是击球，也就是击球点和击球部位。垫球技术的种类繁多且应用范围广泛，在教学过程中，我们需要根据学生的实际需求和动作模式，从简单到复杂地进行教学安排。

（1）正面双手垫球

移动对准来球后，双手在腹前垫击就是正面双手垫球。

球的准备高度应依据球的高度、角度和球员腿部的力量来确定。在确保快速启动不受影响的情况下，应适当降低重心，这有助于双手顺利插入球下，同时也方便进行低垫和高挡操作。

击球点保持在腹前一臂距离，便于控制用力大小、调整手臂击球角度和控制球的落点及方向。

触球部位在腕关节以上 10 厘米左右的桡骨内侧平面，因为该处面积大而平，肌肉富有弹性，可适度缓冲来球力量，起球比较稳、准。

击球时的施力方式和力度应依据球的力量和弧度进行相应的调整。垫轻球的目的是增强手臂抬起的力度，以提高反弹力。如果需要将球垫得更高、更远，除了适当加大抬臂动作外，还需要依赖蹬地、跟腰、提肩等动作的协调配合。以中等力量击打来球时，由于球本身具有一定的力量，所以迎击球的动作应该是小的，速度要慢，主要依赖球本身的反弹力，以避免弹力过大。在垫重球的过程中，除了不能用力击打球外，手臂还需要随着球后移，以实现缓冲效果。因此，垫球施加的力量应与球的力量成反比，与垫触球的距离和弧度成正比。由于球的弧度有所差异，所以垫球时的施力方式也会有所不同。如果球飞得太高，可以在垫球时通过伸膝和蹬腿来增加身体的重心。还可以轻轻跳起垫球，以确保击球点的准确。如果球的高度较低，可以选择使用低蹲的垫球方式。

（2）背垫球

所谓的背垫球，是指从身体前方向背后垫球。在接应队友发球之后，球飞得很远并且不能正面垫球时，可以采用背垫球的方式。背垫球具有较高的垫击点，但准确度略显不足。

背垫球时，击球点的高度应依据垫球目标的距离以及高度进行调整。当需要垫出高远球的时候，可以适当降低击球的位置；当需要垫出平弧度球的时候，应当提高击球的位置；当无法调节击球点的高度时，可以通过腰部和手臂的动作来控制击球的高度和距离。如果遇到从低处传来的球，需要将其垫向后上方的高度，可以采取屈肘屈腕的姿势，用腕部的虎口位置将球垫向后上方。

背垫球作为背对垫球的目标，对于观察场上的动态和确定垫出球的落点方向是不利的。因此，我们需要特别重视垫球时的方位感知，并准确判断球、网和目标之间的相对位置，这样才能确保观察的准确性。

（3）体侧垫球

体侧双手垫球是一种通过在身体的侧面使用双手进行垫球的技术性动作。这种方法的特点是伸臂动作迅速且控制范围广泛，但与正面垫球相比，在控制垫球方向的准确性稍显不足。在进行体侧垫球的击球时，应确保球的击点位于体侧的前方，并且双臂需要在体侧稍前的位置进行截击。当球飞到体侧时，不应再摆动手臂进行击球，否则可能会导致球触手向后方和侧方飞出。在进行垫球操作时，必须仔细调整和控制由双臂构成的垫击面，以确保球能够准确地垫向预定目标。

（4）跨步垫球

一步垫球的动作，无论是向前还是向侧，都被称为跨步垫球。跨步垫球是一种在对方身体前方或斜前方距离较远且位置较低，导致队员无法及时移动以对准正球的情况下使用的技术。它在接发球和防守环节有着广泛的应用，同时也构成了各种低姿垫球动作的基础。在进行跨步垫球的动作时，一旦确定了球的落点，同侧的脚会迅速向球的方向迈出一大步。随后，上半身随之向前倾斜并施加压力，身体的重心则会落在跨出脚上。同时，双臂向前伸入球的下方，通过蹬地和提肩抬臂的方式，击球至球的后下方。

（5）让垫

当球移动速度快、弧度平稳且冲向胸部时，可以使用让垫技术。迅速向一侧迈出一步，一条腿稍微弯曲，将身体的重心转移到另一条腿上，并在释放身体的同时，利用身体侧面的垫球技巧，将来球截住并进行垫击。也可以向侧后方迈出一步，打开身体，让球飞向身体的侧面，然后在体侧垫击。

（6）跪垫

当来球位置较低且距离较远时，应使用跪垫。在执行低蹲的准备动作时，向球的方向迈出一步，膝关节外展，后腿的脚内侧和膝关节内侧接触地面，以获得稳定的支撑，就像半跪一样，尽量前倾上半身，塌腰塌肩，屈肘，使双臂紧贴地面插入球下，然后用翘腕动作和双手虎口部位将球垫起。

（7）滚翻垫球

当来球与身体的距离较远且位置较低时，滚翻垫球可以解决跨步垫球无法接触到来球的问题。滚翻垫球能够最大化地利用移动速度以接近球体，具有较大的控制范围，能有效保护运动员身体免受伤害，并能迅速执行下一个动作。当进行滚翻垫球的动作时，要迅速朝进球的方向前进，迈出一大步后，确保重心下移，使上半身稍微前倾，并让胸部紧贴大腿，确保重心完全集中在跨出腿上。可以用双臂或单臂向球的方向伸展，同时用力蹬地，使身体朝球的方向伸展，可以用虎口、小臂或手腕部位击球的下方。击球之后，当身体失去平衡时，应迅速旋转身体，按顺序使用大腿外侧、臀部外侧、背部和跨出腿的另一侧肩部接触地面，同时低下头，含胸，收腹，团身，通过跨出腿的同侧肩部执行后滚翻动作，然后迅速站起。

4. 传球技术

传球是一种利用手指和手腕的弹力，以及全身的协调力量，将球传送到特定目标的击球动作，是排球运动的核心技巧之一。传球的动作主要依赖于手指和手腕来执行，由于手指和手腕的灵活性和感知能力，加上双手控球的面积相对较大，因此传球的准确率相对较高。鉴于传球时的击球点位置相对较高，可以通过手指或手腕在传球时的各种动作，灵活地调整传球的方向、路径和落点。传球既可以用双手完成，也可以用单手完成。当球靠近网或接近网口时，通常采用单手传球，这样可以防止球直接飞向对手。传球的主要功能是作为第二传连接防守与进攻，并为进攻提供必要的条件，因此被视为进攻的纽带，并在比赛中扮演着组织进攻的角色。传球不仅是多种技术手段相互连接的桥梁，还充当着引导者和穿针引线的角色。高质量的二传能够组织成多种形式的进攻，而低质量的二传则可能导致被动的局面。从接发球、处理对方的球、吊球和被拦截的高球的角度来看，传球技术也是一种重要的防守技巧。传球不仅可以用于吊球，还可以处理球，出其不意地攻击对方，发挥进攻的作用。

（1）正面传球

由于传球的击球点较高，采用稍蹲准备姿势有利于快速移动，击球的位置应当尽可能地维持在前额上方大约一球的距离，主要优势如下。首先，它不仅便于观察球的方向，还能清晰地识别出手和传球的目标，有助于更准确地把握球的位置和控制传球的方向。其次，这种方式有助于身体各部位的协同发力，确保击球点与肩部保持适当的距离，从而增强传球的精确度和稳健性。最后，肘关节具有一定的弯曲性，有助于进一步伸展手臂并施加力量，从而改变传球方向。如果击球的位置过高，那么在传球过程中肘部已经完全伸直，这将对手臂的传球推动形成影响；如果击球的位置过低，那么在传球的过程中，手臂就不能有效地伸展和施加力量，从而无法精确控制传球的方向、弧度和落点，这将对传球的准确度产生不良影响。

手指和手腕击球等灵活的击球动作不仅是提升控球能力的核心要素，也构成了传球的一大挑战。手指和手腕屈伸动作的强度与紧张度在很大程度上决定了传球的效果。在触球之前，手指和手腕应配合其他关节执行一个前屈的迎球动作，这个动作应该较小，但必须及时完成，动作的顺序应由手腕的前屈和手指的前屈共同决定。在进行传球的过程中，手指和手腕需要根据球的速度以及传球的距离来维持适当的紧张度。通常，当球打得较轻时，手指和手腕在迎球时的动作应该更为柔和；当球打得较重时，手指和手腕应该更加紧绷，同时施力也要加大。

传球主要依赖于伸臂和指腕的反弹力，以及蹬地时的力量。在传球过程中，从下肢的蹬地动作到手指的击球动作，都需要从下往上实现流畅和协调，以实现无缝衔接。如果传球时全身的力量不同步，仅依赖手臂和指腕的动作，或者全身用力不连续，出现断裂，或者用力与传球的方向不匹配，那么传球的效果将会受到直接的影响。因此，对于初学者来说，练习蹬地、展体、伸臂等全身协调的动作来击球是非常必要的，并且在这个基础上，不断提升手指和手腕的控球能力和技巧。

（2）侧向传球

侧向传球是身体从侧面对准传球的目标，并将球传递到身体的侧面。如今，侧向传球的使用越来越多，主要是因为侧传具有一定程度的隐蔽性，尤其是在二传手侧对球网进行侧传的情况下，对方很难准确判断传球的方向。在进行侧向传球的过程中，将击球点移至传球方向一侧，有助于实现更好的侧向传球效果。上半身和手臂都朝着传球的方向展开，与同侧手臂相比，异侧手臂在动作幅度、施力的距离以及动作速度上都表现得更为出色，这有助于更有效地进行侧向发力，同时也能维持一个良好的手型用于侧向传球。

（3）背向传球

背向传球指的是将球背对传球的目标进行传递，这在传球技巧中是一个核心方法。在比赛过程中，背传策略能够改变传球的路径，迷惑对方，并形成多样化的进攻策略组合。在背传动作中，下肢蹬地的方向与地面几乎垂直，通过身体展开、胸部挺起、头部抬起的各种动作，确保抬臂、肘部伸展和肩部运动的力度方向偏向后上方。在背传击球时，应确保击球点位于头部上方，这样更有助于向后上方施加力量。由于背传是从与正面传球完全相反的方向传球，因此在传球过程中，需要始终保持腕部向后仰的姿势，同时手指和手腕也应该向后上方抖动和用力，尤其是拇指需要施加更多的力量。因为在背传过程中无法看到传球的目标。因此，在传球之前，务必仔细观察并准确判断传球的方向与距离，并确保背部与正传球的目标对齐。与此同时，我们必须高度重视培养学生的方位感知能力。

（4）跳传

跳传是在空中跳跃进行的传球方式。跳传方式中的击球点位置相对较高，有助于减少传球与扣球之间的时间差，从而确保快速进攻策略的顺利执行。此外，跳传技巧也与二传手的再次进攻有所关联。因此，在进行传球的过程中，跳传具有相当高的误导性，这也是为什么在目前的排球比赛中，跳传已经得到了广泛的应用。一些出色的运动员甚至已经把跳传作为主要的传球策略。

5．扣球技术

在排球比赛中，扣球被认为是最主动和最高效的进攻方式，也是实现进攻策略的核心环节。扣球与助跑和起跳技巧、手部击球的动作和位置、挥臂的路径和节奏，以及与二传配合的时间和空间有关，因此能够发出具有不同性能、不同时间和不同角度的球。完备的扣球技巧由5个互相连接的环节构成，包括准备姿态、助跑、起跳、在空中击球以及落地。运动员需要熟练掌握起跳的各种技巧，包括起跳、挥臂的最佳时机、在高点击球的技巧以及手部控制球的能力。扣球的种类繁多，下面以右手扣球为案例，展示几种常见的扣球技巧。

（1）正面扣球

正面扣球是最基本的扣球方法。其特点是面对球网，便于观察，准确性高；挥臂动作灵活，进攻效果好。

（2）调整扣球

调整扣球是多种扣球技巧的综合应用，是在传球或防守球未能准确到达时，通过二次传球调整到网前进行的扣球动作。在比赛中，特别是在防守反击环节，调整扣球的出现频率最高。调节扣球的方式与正面扣球是一致的，但执行起来更为困难。在扣球的过程中，需要根据从后场传来的球的各种方向、角度、弧度、速度和落点，采用相应的步伐和空中动作，及时调整好人与球之间的关系，并根据球与网的距离，运用适当的技巧，控制击球的力量、路径、落点等。

（3）近体快球

在二传队员的身体前方或身体侧面大约 50 厘米的位置扣起的快球被统称为近体快球。它不仅是快球技术的一种形式，也代表了我国的传统打球方式。扣球的球员通过一次传球迅速跑到二传球员的身体前方，助跑角度与网的角度约为 45°。当二传队员进行传球的时候，扣球队员需要在二传队员体前靠近网的位置迅速起跳并挥臂，以便迅速将刚从网口传出的球扣过网。在执行含胸和收腹的动作时，需要通过前臂和手腕的快速挥甩动作，以及全手包击球的后上部动作来实现精准和快速的配合。

（4）短平快球

短平快球是扣球队员在距离二传队员体前大约 2 米的位置跳起，然后截扣传递过来的平快球。短平快球通常采用直线助跑的方式正面对网，并在二传队员传球的同时进行起跳和截击以取得球。通过执行快速的含胸动作，可以促使前臂和手腕快速摆动，并用全手击打球的后上方。

（5）半快球

半快球又称半高球，是扣球队员在二传队员附近起跳，扣击超出网口约两个半球高度的球。半快球的击球动作与一般正面扣球相同，扣球队员要在二传出手后起跳。

6. 拦网技术

拦网技术是一种直接拦截对方进攻的方法，它不仅是防守的屏障，还是得分和获得发球权的关键策略。拦网分为单人拦网和集体拦网两种。单人拦网构成了集体拦网的核心，而集体拦网则是单人拦网之间的协同工作。拦网技术是由 5 个相互连接的环节构成的：准备姿势、移动、起跳、空中动作和落地。拦网队员接近球网并将手伸向高于球网的位置，以阻止对方的进攻，这也是排球运动的核心技巧之一。在排球比赛中，拦网既是第一道防御线，也是第一道进攻线。在现代排球竞赛中，网上的激烈争夺主要围绕扣球和拦网这两个看似矛盾的环节展开。在高质量的排球赛事中，如果缺乏有力的拦网策略，那么后排的防守将会面临巨大的挑战。拦网不仅有助于将对方的扣球重新截回和提起，从而减轻后排防守人员的压力，同时也能直接拦截对方的扣球，使其成为得分的关键因素。除此之外，拦网技术还具有扰乱和破坏敌方进攻策略的能力，这不仅削弱了对方进攻的积极性，也削弱了他们的自信，从而在心理层面上对对方构成威胁。因此，拦网的技术水平直接影响比赛的结果。拦网技术的进步与革新，在推动排球运动发展方面起到了不可或缺的作用。

拦网技术分析如下。

拦网采用半蹲准备姿势，有利于迅速移动和起跳。

双手置于胸前并屈肘，有利于快速伸臂。

拦网站立离网距离适中，既可避免因离网近而触网，又可避免离网远而漏球。

拦网步法中，并步适宜于近距离移动；交叉步适宜于中距离移动，控制范围较大，移动速度也快；跑步适合于较远距离。

拦网的起跳点应在对方扣球的主要线路。

拦网时的起跳时机应当基于二次传球的实际情况以及扣球者的行为特征来确定。在扣高球的过程中，由于扣球队员需要在空中进行引臂和展腹的动作，拦网时通常会在原地起跳，这使得腾空时间相对较短，因此一般应该比扣球队员的起跳时间更晚。在拦截快球的过程中，需要比扣球队员稍早或同时进行起跳动作。

在进行拦网击球的过程中，双臂需要尽可能地保持伸直状态，并且要尽量接近球的位置。两只手之间的距离不应过大，这样可以避免球从两只手臂之间逸出，但同时也不应过小，以避免缩小拦网的截面。

拦网伸臂的时机过早容易被对方避开，过晚则导致拦空。

（二）排球运动战术教学与训练

1. 个人战术

（1）发球个人战术

①不同性能的发球

在确保发球准确性的前提下，尽量采用速度快、力量强大、旋转迅速和弧度平的攻击性发球方式，例如跳发球等。

飘球是一种利用发球位置差异，有意识、有目标地执行轻、重、平冲、下沉等动作，从而产生不同的球。利用发球动作之间的相似性，可以发生具有不同性质的球。当执行类似于勾飘的打击动作时，蹬地、转动腰部和收紧腹部的力量，用全掌击打，从而释放出勾手大力球。

②控制落点的发球

在寻找发球的薄弱环节时，应将球送至对方的前区、后区、两名队员间的连接区或三角区域等空挡区域，以给对方接发球带来困难。

当需要找人发球时，可将其发送给一名传递员、连续犯错、情绪过于急躁或刚刚替补上场的队员。此外，快攻队员和二传队员也有可能收到此信息，这可能会对敌方的战术进攻造成困扰。

③变化节奏的发球

快速发球：在比赛过程中，可以突然突破常规，提高发球速度，让对手措手不及，从而导致失误。

慢速发球：在比赛过程中，可以故意放缓发球速度，例如通过高吊球，利用球体下落时速度的变化来使对方无法适应接发球。

④变化线路的发球

结合长线和短线的发球方式：根据对方球员的站位，有时会发长线球，有时则是短线球，目的是更好地牵制对方并掌握比赛的主动权。

结合直斜线的发球方式：充分发挥 9 米宽的发球区域，使用"站直发斜"或"站斜发直"的发球策略，对对手进行突然攻击。

⑤根据临场比赛的变化采取不同的发球

如果我方在比赛中得分困难、落后较多，或者遇到对方的强攻等情况，可以采取先发制人的攻击性发球策略。当我们的发球出现连续的失误，或在比赛的关键时刻对方暂停、更换球员，或对方正处于弱攻时，我们应该注意发球的准确性，减少失误，抓住得分的机会。

（2）一传个人战术

一传个人战术的核心目标是，在首次接到对方的球时，为了形成团队的进攻策略，需要有目标、有策略地击球。因为不同的进攻策略对一传的需求不同，因此一传的方向、弧度、速度和落点也各不相同。

组织快攻时，如本方快攻队员来得及进行快攻，一传的弧度要低平，速度稍快，以加快进攻的节奏。如果来不及（防守后的快速反击），则应提高一传弧度。

组织强攻时，一传的弧度略高些，可以为二传队员创造便利条件。

前排队员一传时，力量不宜太大，弧度应稍高。如来球力量不大，可用上手传球，后排队员则相反。

当对方第三次传垫球过网时，一传可用上手传球，以便更准确地组织快速反击或传给网前队员进行两次攻。

如发现对方场区有较大的空当或对方队员无准备时，一传可直接用传、垫、挡等动作把球击向对方。

（3）二传个人战术

通过巧妙地利用空间、时间和动作的变化，我们可以制定有效的进攻策略，为扣球队员提供有利的环境，使他们在防守上遇到困难，这也是二传个人战术的核心目标。

①隐蔽传球

二传队员尽可能地以相似动作，传出不同方向的球，使对方难以判断传球的方向。

②晃传和两次球

二传队员首先用两次扣球吸引对方的拦网队员，然后突然将扣球改为传。也可以先用传球的方式迷惑对方，然后突然切换到扣球模式。

③时间差跳传

在进行跳传的过程中，二传队员调整了常规传球的时长，并选择了延迟传球的策略，在球员和球下落的时候，将球传递给快攻队员，这样做是为了避免对方拦网队员对时间的误判。

④选择突破点

依据对方的拦网策略，传球时应尽量规避拦网的高强度区域，并选择弱点作为突破点，从而在特定区域实现以多打少、以强攻弱的战术优势。

⑤高点二传

二传队员尽可能在跳起的最高点直臂传球，以提高击球点，加快进攻速度。

⑥控制比赛节奏

当对手失误较多或场上出现混乱时，可以采取快速进攻的策略加速比赛进程。在我方出现大量失误或场上球员表现不佳的情况下，可以适度减缓比赛的节奏，以实现情绪的稳定和战略战术的调整。

（4）扣球个人战术

扣球不仅是进攻和反击成功与否的关键指标，也是一个队伍综合实力的全面体现。在现代排球比赛中，快球的速度和强攻的力量是关键，而扣球的核心理念应该是重扣与轻打的结合。

①路线变化

扣球时运用转体、转腕灵活地扣出直线、斜线、小斜线等，避开对方拦网。

②轻重变化

扣球时重扣强行突破与轻扣打点有机结合。

③超手和打手

通过充分发挥跳跃的力量，并运用超手扣球的技巧，从拦网队员的手部实现突破；采用平扣、侧旋扣球、推打等技巧，导致拦网的队员将球打出边界。

④打吊结合

在对方严密的拦网下，先佯做大力扣杀，突然由扣变吊，将球吊入对方。

⑤左、右手扣球

利用异侧手辅助进攻，形成左右开弓式的扣球，以增加击球面和隐蔽性，提高应变能力。

（5）拦网个人战术

拦网的个人战术是基于精确的起跳时间、空中拦网的高度、拦击面以及手型动作的各种变化来执行的进攻策略。

①假动作

拦网队员灵活运用各种假动作，如站直拦斜、站斜拦直、正拦侧堵和假装拦强攻，实际上目的是拦快攻，以此来迷惑对方并提升拦网的效果。

②变换手型

拦网队员在起跳之后，根据进攻队员的动作调整拦网手型，以实现的有效拦截。

③撤手

当察觉到对方想要将球打出边界或进行平扣球的动作时，可以在空中迅速撤回手臂，从而导致对方扣球超出界限。

④踮跳拦网

为了更有效地拦截对方快速变化的战术，身高和弹跳能力较好的队员可以踮起脚尖拦截第一点的快攻球，然后迅速跳起拦截第二点的进攻。

⑤前伸拦网与直臂拦网

在试图拦截对方的中网或近网扣球时，尽量将手臂向前伸展以接近球，这样可以有效封锁进攻路径。当对手用远网进行扣球动作时，应尽量使用直臂进行拦截，以扩大拦网的面积。

⑥单脚起跳拦网

利用单脚快速起跳和长距离空中飞行，可以弥补拦网时双脚起跳时间的不足，但同时也需要控制好空中飞拦的距离，以避免对己方队员造成碰撞。

（6）防守个人战术

根据二传的方向和落点，及时判断进攻点，迅速取位。

取位时，适当放宽自己擅长防守的一面，以扩大防守面。

根据对方进攻队员的特点，采取有针对性的防守。

根据前排拦网队员的情况主动配合，拦、防结合，相互弥补。

充分利用规则，上、下肢并用，协调配合防守。

2. 集体战术

（1）防守技术

①接发球防守

接发球的防守阵型是由 6 名队员组成的。在对方开始发球的时候，我方正处于接球的状态，因此需要提前准备好站位和阵型，这是成功接球的关键。在比赛中，站位的布局不仅应有助于接球，还应符合本方在接球时所选择的进攻策略。另外，还需要根据对手发球的特性，选择不同的阵型来接球。

②接扣球防守

接扣球的防守布局是由前排拦网和后排防守共同组成的。在组织接扣球的防守阵型时，首要任务是根据对方的进攻特点和变动来进行策略部署，其次则是要最大限度地利用我方队员的优势，以合理的方式分配力量。在此基础上，我们还须根据我方在防守后的反攻策略来进行防守布置。

③接拦回球防守

在确定接拦回球的防守阵型时，应综合考虑我方的进攻策略、对方的拦截情况以及参与防守的球员数量。在我方进行扣球操作时，必须强化防护措施，努力构建多层次的保护屏障，以积极地阻止被拦截回来的球，并迅速组织后续的进攻行动。

④接传、垫球防守

当接住对方的传球或垫网的球时，通常会选择由 5 人或 4 人组成的接球阵型进行站位。举例来说，当对方的一次传球导致球被垫飞时，接应队员可以将球调整到中、后场附近。如果三次无法组织进攻，可以将球调整到中场附近。如果因为高度限制不能扣球，可以采用上手平传过网的方式。我方队员应该提前做出预判，后排二传应及时插到网前，前排队员应迅速后撤或换位，站成 5 人或 4 人接球阵形。把握这一有利时机，尽可能地策划多个进攻位置。

（2）进攻战术

①"中二三"进攻（中一二）

在被广泛和大量应用于后排进攻之前，"中二三"进攻阵形也被称为"中一二"阵形，这是一种由 3 号位的队员作为二传，将球传递给 3、2 号位或后排队员进行进攻的组织方式。

②"边二三"进攻（边一二）

在被广泛和大量应用于后排进攻之前，"边二三"进攻阵形也被称为"边一三"阵形，这是一种由 2 号队员负责二传，将球传递给 4、3 号位队员或后排队员进行进攻的组织方式。

③"插三二"进攻（后排插上）

在被广泛和大量应用于后排进攻之前，"插三二"进攻阵型通常被称为"后排插上"阵形。这是一种由后排队员插入前排 2、3 号位之间，担任二传角色，将球传递给前排三名队员或后排队员进行进攻的组织方式，包括 1、6、5 号位插上三种不同的方法。这样的进攻策略经常被实力较强的球队所采纳。

二、羽毛球运动技能的教学

（一）羽毛球运动技术教学与训练

1. 站位与击球

运动员在羽毛球场上的位置被称作站位。关于站位，存在两种场景：第一种是受到限制的站位，例如在发球或接发球时，运动员需要按照规定站在指定的位置（左半区或右半区）；第二种是不受限制站位的，可以根据个人或双打伙伴的需求来选择。例如，单打选手的站位通常位于距离前发球线大约 1 米的中线附近，而双打选手的站位则可以根据其中两名运动员的具体战术需求来决定，可以选择前、后或左或右的位置。①

基于羽毛球场地的分类，我们可以将无限制的站位细分为左半区、右半区、前场、中场以及后场的站位。

击球定义为运动员在挥拍击球时，与球直接接触的那一瞬间。当运动员站在左侧区域准备迎接对方的球时，这一动作被称为左半区击球；而在右侧区域进行的击球则被称为右半区击球。如果是站在前场、中场或后场进行击球，那么这3个区域分别被命名为前场击球、中场击球和后场击球。另外，根据击球的高度，击球可以被分为两种，一种是上手击球（其高度超过肩部，击球的位置在肩部），另一种是动手击球（其高度低于肩部）。

2. 持拍手与非持拍手

持拍手是指紧握球拍的那只手，非持拍手是指没有握拍的手。在羽毛球这项运动里，我们经常会听到如正手、反手、正手击球和反手击球这些专业术语。正手是指与持拍手处于同一方向；反手是指与持拍手处于相反方向。对于那些使用右手握拍的运动员，他们在击打右侧球时所采用的技巧被称为正手技术，这也是正手发球技术和正手击球技术等技术名称的来源。在羽毛球这项运动里，非持拍手的主要作用是在发球时持球和抛球，同时在击球的时候帮助身体保持平衡，从而更有力地击球。

3. 击球的基本线路

击球线路指的是，球被运动员击打后，其在空中的移动路径与比赛场地的相互关系。羽毛球选手的击球路线繁多，难以计数，下面介绍几条影响羽毛球击球路线规律的基础线路。

第一条线是从自己的右侧打到对方的左侧，即线路与边线平行，可

---

① 宋人杰. 羽毛球教学训练中运动技能迁移的应用分析 [J]. 当代体育科技，2019（19）：52—54.

以被定义为直线。第二条线是将球打到对方的右侧，因为线路与边线角度较大，因此被称作对角线。第三条线是将球击中对方的中线，即线路与边线之间的角度较小，也被称作中路。同样地，反手后场（包括中场和前场）的 3 个主要击球路径也可以这样命名。在具体的命名方式上，可以与正手或反手相结合，例如正手直线、正手中路、正手对角线或反手对角线等。如果是在中线进行击球，可以称打到对方场区的左侧是左方斜线，打到对方场区的右侧是右方斜线，而打到中间则是中路球。关于羽毛球线路的命名，有几个关键点需要注意：首先，要确定击球点与球落点的接近位置，如果击球点位于右侧，而落球点位于中线附近，这些都被称作正手中路球。我们可以根据击球时使用的技术名称来命名，例如反手搓球，它可以被称作反手搓直线或反手搓中路球等。

4．拍形角度与拍面方向

拍形角度描述的是球的拍面与地面之间的相对角度。拍面方向描述的是球拍所面向的具体位置。

拍面的角度可以被分为 7 个不同的类型：拍面向下、拍面稍微前倾、拍面前倾、拍面垂直、拍面后仰、拍面稍微后仰、拍面向上。有 3 种不同的拍面方向可供选择：拍面向左、拍面向右、拍面向前。击球的质量在很大程度上受到拍形角度和拍面方向的影响，因此，在每一次击球的过程中，都必须仔细调整拍形和拍面，以确保击出符合标准的球。

5．击球点

击球点是指运动员在击球过程中，球拍与球接触的那个特定时刻的时间和地点。

击球点的定义涵盖了 3 个方面：与球的接触点到地面的距离；与球的接触点在身体前方和后方之间的距离；击球时，要保持身体的左右距离。选择的击球点是否恰当，会直接影响击球的效果，它会对运动员的力量、速度、轨迹和落点产生直接的影响，也会决定运动员击球的准确性。因此，挑选适当的击球位置变得尤为关键。在选择合适的击球位置时，有两个关键因素需要注意：一个是准确地判断，另一个是步伐的移动必须准确且迅速。仅当满足这两个条件时，我们才能确保将击球点调整到适宜的位置，从而确保击球的准确性。

6. 步法

在羽毛球这项运动里，人们常说技巧占三分，步伐占七分。基于击球的具体需求，我们可以将步法大致划分为 3 种：首先是上网步法，其次是退后场步法，最后是中场步法。在羽毛球的步伐技巧中，经常采用如并步、垫步、交叉步、单足跳步、跨步、蹬步和腾跳步等方法（以下的步伐技巧主要以右手为参考）。

（1）上网步法

上网步法是从场地中心向网前方向移动，可以细分为正手上网步法、反手上网步法以及蹬跳上网扑球步法。网络行走的步伐可以细分为跨步、垫步和蹬步。

①跨步

当判断来球是网前球时，两脚轻轻向上弹跳将重心调至右脚，左脚迅速蹬地向前迈出一步。

②垫步

在确定球是网前球的情况下，双两脚迅速上跳，并将重心转移到左脚上，然后右脚迅速向球的方向走一步，最后左脚迅速跟上右脚并用力蹬地，从而使右脚向前迈出了一大步。

③蹬步

蹬步用于离网较近，击球员争取高点击球时采用。

（2）退后场步法

退后场步法是指从中心位置后退到底线的步法。后场来球有正手位、反手位之分，击球也有正、反手之别，所以退后场步法也有两种，即正手退后场击球、反手退后场击球。

①正手退后场击球步法

第一种是交错的步法。这一步法的显著特性是具备广泛的移动范围，尤其在回击端线附近的球时。关键的动作步骤是：在判断球是来自后场时，双脚轻轻向上跳跃，将重心转移到右脚上，然后右脚踩地，身体向右转动，右脚朝球的方向迈出一步；当右脚接触地面时，左脚从身体后方交叉并移到右脚的外侧；接着，右脚迅速后退一步，当右脚接触地面时，迅速向上蹬，使得击球的位置上升，同时左脚向后伸展。

第二种是正手垫步退后场击球的步法。垫步与交叉步的不同之处在于：当右脚朝球的方向移动时，左脚也会向后移动。而当左脚着地时，并不是后交叉，而是先在右脚的内侧着地，再移到右脚，最后一步与交叉步是相同的。

第三种是正手跨步退和后场击球的步法。这种步法是正手低手击球时经常使用的。首先判断球是来自后场的，如果没有时间使用手部技巧击球，就迅速轻跳，将重心转移到右脚上；然后，右脚用力蹬地，并迅速向右转动身体；接着，右脚朝球方向迈出一步，左脚一着地便迅速移动一步，并在右脚外侧着地（无论是体前还是体后）；最后，右脚再向来球的方向大跨一步，并在脚着地的瞬间出手击球。

②反手退后场击球步法

第一种是两步移动后退和后场击球的步法。这一步法特别适合反手击打距离身体较近的来球。当判断球来自后场，并且与身体距离较近时，双脚轻轻跳跃，将重心转移到右脚上，然后右脚蹬向地面并向右转动，左脚向球的方向迈出一步，与此同时，右脚快速从身体前方朝球的方向移动一大步，当右脚接触地面时，就可以击球了。

第二种是多步移动退后场击球的步法。在球与身体距离较远的情况下，通常会使用这种特殊的步法。首先判断球是反手位置，并与身体保持一定的距离，然后轻轻跳跃，并将重心转移到右脚上，接着用右脚蹬地进行转体。在此过程中，从身体前方向球的方向迈出一步，然后背对球网，左脚向前移动一步，右脚再移动一步，当右脚着地时，挥拍击球。最好选择脚掌的外侧接触地面，这有助于身体从左向右旋转，从而更好地辅助击球。为了更好地调整击球的位置，可以不受限制地向后移动几步，但在最后一步中，确保右脚始终在前方，这样可以更好地发力击球。

（3）中场左右横动击球步法

左右横动主要是还击中场球（包括上手击球和下手击球）时所使用的步法。左右横动大致有两种方法：一是向右移动；二是向左移动。

①向右移动的步法

当球与身体的距离较近时，这种方式是一个可行的选择。当球从右侧靠近身体时，首先双脚轻轻向上跳跃，将重心转移到左脚上，然后左脚用力蹬地，使右脚朝球的方向迈出一大步。当右脚接触地面时，右腿形成弓状的箭步，身体前倾，但前倾的幅度应根据球的高度来决定。

当球与身体的距离较远时，可以使用这种特定的步伐移动。双脚轻轻跳跃，使重心集中在右脚上，然后左脚向右脚迈出一步，一旦左脚接触地面，就会用力向右蹬，这样右脚就能迅速向右跨出一大步，右脚着地后，腿成弓箭步，身体前倾，然后出手击球。

②向左移动的步法

第一种是身体朝着球网方向移动的步法。无论是使用正手击打还是反手击打，这种移动方式都是可行的。移动时，可以选择向右的横向跨步或垫步方式。

第二种是身体背对球网的移动步法。这一步法仅适用于反手击球时，身体背对球网的情况。首先判断球从左侧打来，然后决定采用反手击球技巧。此时，双脚轻轻跳跃，将重心转移到右脚上，右脚大力蹬地，身体向左转动，同时右脚向左迈出一大步，形成一个背对球的网，然后用反手进行击球。在击打球的过程中，我们需要根据球的高度来调整身体的姿态。

（二）羽毛球单打战术教学与训练

1. 常见的单打类型

（1）单打战术的分类

单打的打法是根据比赛者的个人技术特点、身体素质、心理素质等条件而形成的技术打法。

①压后场底线

这是一种策略，通过高球压制对手的后场底线，迫使其后退，然后寻找机会，用强力的扣杀或吊网前空当来争取得分。对于新手来说，掌握这一基础技巧十分重要。采用这样的技巧来应对那些后退速度缓慢或基础技能掌握不佳的对手是非常有效。

②打四方球

利用高球或吊球精准地将球打到对方场地的 4 个角落，然后调整对方的前进、后退、左右移动，打破对方的阵型，当对方没有足够的时间返回中心或回球的质量不佳时，可以进行有效的进攻。这要求运动员必须具备出色的控球技巧，以及迅速、敏捷的步伐和进攻实力。

③快拉快吊

利用平高球迅速压制对方后场的两个底角，并与快吊网的前两个角相配合，通过网前搓球、勾对角球和推后场底线的组合，迫使对方来回奔跑、被动回球，从而为我方创造中后场强力扣杀或网上扑杀的机会。这是一种充满活力、迅速进攻的策略。这要求运动员具备全面的进攻和防守技巧，同时手法要精确、熟练，步伐也要迅速和灵活。

④后场下压

在后场成功拦截对方的高远球，并与吊球相结合，迫使对方被动挡住前方的球。在这种情况下，可以利用这个机会迅速上网进行搓球和推球，为自己创造得分的机会，然后采用重杀或劈杀的方式来锁定胜局。这种打法是全攻型的，特点是先下手为强、迅速且凶悍。运动员需要具备良好的体力、出色的连续强力击杀能力，以及快速而积极的步伐移动。

⑤守中反攻

这一战术是通过拉伸和吊起四方球，以及在防守过程中灵活调整球路来调动对手，以便在适当的时机进行反击，无论是扣杀、吊打还是平打。这种打法更适合那些进攻能力较弱，但防守技巧出色、反应迅速、身体敏捷且身高偏矮的运动员。

（2）发球中的假动作

在正手发球时，由于引拍动作可大可小，较容易使用假动作去迷惑对手。

站位在发球区靠中一些，采用丁字步，上身朝向边线。球拍被放置在离身体最远的位置，这样可以实现最远的引拍距离。这种情况下，对方误以为你要打出一个高距离的球，因此他们在心中预测并做好了发高球的准备，这导致他们将注意力转移到后场，重心也相应地转移到了后方。当执行发球动作时，迅速挥动球拍，在球拍即将击出的那一刹那，迅速收力，轻轻地切击球托，释放一个正手短球，这个球会落在对方接球区的前场内角或外角。这样的动作会导致对方在接发球、抢攻和回球方面出现失误，从而让我方从一开始就占据主导地位。

正手看起来像是在发球，而球拍与击球点的距离相对较近，几乎没有足够的引拍距离。利用站位和姿态，使对方可能误以为即将发球。先入为主的策略让对方将焦点集中在前场。在发球的时候，可以利用手腕的快速移动来控制球拍，从而发出正手平快球、平高球或高远球。因为站位和姿势在比赛一开始就对对手产生影响，导致他们反应稍慢而陷入被动状态，这也意味着他们很难打出高质量的回球。

在 T 字区的近旁站立（请确保不要违规踏线），持球者应将羽毛球提升至规定的最高位置，并确保球拍的反拍面与羽毛球正面对齐，好像要发射一个接近角度的网前球。当真正发球时，一开始的引拍动作就像是用反拍面正向击打，但在球拍即将接触球的瞬间，手腕会改变方向，用斜拍面去削击球托，从而发出对方一个远角的网前球。如此一来，对方在网上扑发球的成功率可能会受到影响。

在 T 字区的近旁站立（请确保不要违规踏线），持球者应将羽毛球提升至规定的最高位置，并确保球拍的反拍面向羽毛球，好像要发射一个接近角度的网前球。当真正发球时，初始的引拍动作与反拍动作相似，都是正向的，但速度相对较慢。在球拍即将击中球的那一刹那，拇指用力弹击球拍，释放出一个反手的平快球或平高球，这使得对方不得不匆忙应对，结果是无法接住发球进行抢攻，从而失去了先发优势。

（3）接发球中的假动作

接发球是每个回合的开始，其重要性是不言而喻的。如果接发球处理得好，无论单打还是双打，都能取得先机，占到主动地位。

①S形接发球

首先，站立的位置应该偏向前方，所有的准备姿态都是相似的，都是一种即将爆发的准备状态。当对手击出一个网前的小球时，如果计划使用反拍面来击打，那么应该将持拍脚向前迈出一大步，然后用反拍面进行回击。这一引拍动作似乎是在侧面的下手区绘制了一个从下到上的S形图案，并在最终阶段通过手腕改变拍面方向，将球击打至反手网的前方区域。当使用正手来接发球时，应该在自己的正手区画一个从下到上的S形，关键是在球拍即将接触球的瞬间，利用手腕改变球拍的方向，这样可以将球打到对方网的另一个角落或对方场地的中腰位置，使对手难以防守。

②虚扑实放网前球

当对方在网前投掷小球（离开球拍后）时，迅速挥拍，仿佛要冲向网中，移动速度要快，动作要猛烈。通过身体语言给对方一个"你要扑杀"的假象，对方会本能地挥拍，准备进行防守反击，这样他们的双脚就会被稳固地扎住。在球拍与球接触的那一瞬间，可以收势收力，轻轻地将球挡回对方的网前，或者通过手腕的微小动作来改变拍面，将球切击到对方网前的两个角落。这样可以回放对方的一个网前球，使对方只能保持防守，然后从下往上起球，夺取主动权。

③虚放实挑后场

利用击球之间的时间差来迷惑对方。面对网前的小球，迅速拿起球拍，用正手或反手轻轻挑击，但这并不意味着他会立刻回击，相反，球拍会根据球的飞行路径后退，仿佛被球推动而后退。当球拍被调整到特定的高度时，突然用小手臂和手腕发力，迅速将球反弹到对手的后场。

如果每一个动作都如此真实，对方会误以为你会选择网前，没想到实际上选择后场的高距离球。

④虚晃球拍声东击西

这样的假动作要求身体与手部动作的高度协调，否则不仅不能迷惑对手，反而可能会限制自己。动作的关键在于准确地判断。当对方在发网前的小球时，整个球拍和身体都会迎头赶上，而且是身体在前，球拍在胸腹部的位置，反手持拍。因为有身体的掩护，跑得很快，而球拍又靠近网下，这使得对手很难看清你的手型和拍子的转动，他们可能会误以为你是要随着跑动将球拨（带）到他的反手位网前角。在发球时，当对方将焦点转向你的跑动方向时，你却巧妙地用手腕轻轻一抖，将球准确地投向了对方另半场的中腰位置。在双打比赛中，如果对方的前方球员被欺骗而无法得分，并且球落在中腰位置，那么对方的后场球员也无法触及，只能眼睁睁地看着球落到地上。

（4）处理网前球假动作

在网前这一特定区域内，有大量的技术性动作，例如在网前进行的搓、拨、放、勾、推等动作。这些都孕育出了各种各样、形式各异的网前球假动作。

①虚推实拨的假动作

当对方释放网前球时，你需要迅速移动到适当的位置，利用球还未完全落到网顶的机会，将球拍举起并对准对方，仿佛要将对方的后场推平或像直线挡一样释放一个网前球，从而吸引对方的注意力。当球拍与球接触的瞬间，突然转动手腕形成拍型，将球投向对方的另一个网的前角，使对方完全措手不及。

②虚搓实勾的假动作

当对方释放网前球时，你应该迅速移动到适当的位置，伸展双臂，确保拍面与地面保持平行，好像你想要制造一个网前球。当球被拍到下方时，突然将其搓成勾，回击对方的一个对角网前球，导致对方判断失误。

③虚发力挑后场而实际放网前的假动作

在面对对方后场的头顶劈吊网前球时，我们需要准确地判断球的飞行路径和落点位置，迅速做出反应并移动到可能的落点，然后用正手或反手进行大动作挥拍，就像是要发力将对方的后场球拉回一样。当球拍与球接触的瞬间，你的手腕突然停止并收力，轻轻地击打并释放了一个直线网前球，导致对方没有足够的时间反应，从而使你从主动变为被动。如果能在球拍与球接触的时候使用手腕来控制拍面，那么还可以回放对方的对角网前球。总体来说，这一假动作能够从一个例子中推断出其他情况，并回放对方不同类型的网前球。

④虚挡实搓的假动作

当对手与你进行网前小球对战时，如果勾选了一个对角网前球，你需要迅速做出反应并准确定位。在球在网顶平行飞行的瞬间，你应该将拍面对准来球和网面，好像是在进行正向的挡击回放。当球继续飞行至网顶以下时，突然改变拍面，使其与地面平行，这样可以回搓对方一个滚网小球，并使球更接近边线，从而使对手在回球时变得更加困难。

⑤中场上手击球的假动作

在中场击球时，假动作的核心技巧是确保动作的连贯性，确保在出球前的任何时刻都让对方无法准确判断你的击球路径和力道。假动作的控制完全是通过手腕和手臂的动作实现的。

⑥后场击球的假动作

在大多数情况下，当被对方的高远球和平高球压制到底线时，通常已经陷入了被动的状态。通常选择用高远球或吊球进行反击，试图改变自己的被动状况。如果能运用后场击球这一假动作，就有可能将危险转化为机会，有时甚至可以直接获得分数。[①]

首先是后场反手击球的模拟动作。当对方的反手球打到你后场非常精准的位置时，你可以用反手进行大幅度的引拍，制造回击反手高远球

---

① 韦勇兵，申云霞，汤先军. 体育教学与运动技能分析 [M]. 长春：吉林人民出版社，2019.

或平高球的假相，在真正击球的瞬间，用手腕控制反拍面，斜向对方的一个远角网前球，这会令对手措手不及。

然后是后场用反手击打的模拟动作。当你的反手球被对手压制到后场位置时，你可以迅速调整位置，既可以用正手绕头顶进行回击球，也可以反手进行回击球。然而，对方往往已经移动到你的反手位置的同半场，这样可以抓住机会封掉你的高球，并防止你打出压边线球。在这种情况下，你原本打算用反手的上手球进行反击，但你摆好了姿态并没有击打球，仿佛对方的高远球已经越过了界限，让球继续下落，以此来迷惑对方，让他们放松警惕。出乎意料的是，在球即将触地的那一瞬间，用反手挥拍，选择了对方一个大角度的远网网前球，这让对方完全没想到，其效果显而易见。

最后是后场侧身冲向斜线的伪装动作。在比赛过程中，经常会有对手用平高球压制对方正手位的远端后场角。你可以选择用正手后退的步态，在最后一次起跳时，保持身体与边线平行，头部也不会转动，好像想要击败对方一个压边直线球。由于你没有进行转体动作，对方会将焦点集中在你的正手半区（即他自己的反手半区），然后你的手臂和手腕突然转向，消灭对方一个正手大斜线，这个斜线会落在你的中腰位置，或者劈吊这个大斜线到对方另一个网前角。

2. 单打进攻战术

发球抢攻战术。发球不受对方干扰，只要在规则允许的范围内，发球者可以随心所欲地以任何方式将球发到对方接球区的任意一点。

接发球抢攻战术。在接发球的战术策略中，这是最容易获得分数且最具威胁的一种，但这需要对方在发球时失误，例如在发球时的落点不准确，或在前场发球过网时位置过高；在打出平快球的时候，速度和角度都不是很理想；在进行平高球发球时，如果节奏、落点和弧度表现不佳，都可能为接球和抢攻提供机会。

组合技术的进攻战术：①快拉快吊结合突击；②以吊劈开始组织进攻的战术；③以杀劈开始组织进攻的战术；④以控制网前球开始组织进

攻的战术。

3. 单打防守战术

在防守战术中，核心原则是采取"积极防守"和"守中反攻"的策略，而不是简单的"消极防守"。因此，为了实现"积极防守"和"守中有攻"的战略目标，我们必须认识到防守的真正意图是在自身处于被动状态时，通过战术调整来消除对方的进攻意图，并重新获得主动权，从而进行有组织、有目标的战术行动。

高远球的防守战术。这种战术与打平高球的主要区别在于防守策略和进攻策略。高远球主要用于防守战术，而平高球则主要用于进攻战术。

勾对角。在防守中特别是勾对角网前战术，作为"积极防守""守中反攻"战术是很有效果的。

挡直线网前。为了精准地执行这一战术，不仅需要能够准确地识别对方的进攻落点，还需要反应迅速，并运用多种灵活的战术手段。只有这样，才能成功打出挡直线和勾对角相结合的球，并实现"守中反攻"的战术目标。

4. 羽毛球双打战术教学与训练

双打比赛分为男子双打、女子双打和混合双打。

（1）双打进攻战术

发球战术。在双打比赛中，如果能打出高远球，接发球的一方可以进行强力的扣杀，这样可以直接获得主动权，同时也能减少后续的隐患。在双打比赛中，发球的品质、比赛路线的搭配、弧线的设计以及落点的调整都是决定胜负的关键因素。

第三拍战术。一般情况下，第三拍进行反攻战术，并保持进攻状态。

攻人战术（二打一战术）。这是双打中常用的一种战术，就是以人为攻击目标，集中攻势于对方一名队员，常能起到"集中优势兵力打歼灭战"的作用。

攻区域战术。第一种策略是攻击中路，这可以导致对方抢球失误或漏球，也可以限制对方无法选择大角度的球路，最重要的是，这有助于我方网前的封网。第二种策略是直线进攻，也就是说，杀球的路径和落点都是直线，没有固定的目标，完全依赖杀球的力量和落点来获得分数。第三种策略是采用攻大对角的方式进行进攻，不论球落到左区还是右区，都可以选择杀大对角的球路进行进攻，而球的落点则位于对角线的一侧。第四种策略是进攻后场，这种策略经常被用来对抗后场扣杀能力较弱的对手，将对方的弱势者转移到后场也是一个有效的策略。

战术组合。首先，一个人专注于直线攻击，而另一个人则专注于对角战术。其次，采用直线进攻与中路攻击相结合。然后结合杀球和吊球。接着将短杀与长杀相结合，同时采用轻杀与重杀的结合方式。再次，针对弱点进攻。最后在进攻之前进行封锁。

（2）双打防守战术

调整站位。为了摆脱被动，伺机转入反攻，首先要调整好防守时的站位。

防守球路。主要目标是破坏攻击方的进攻节奏和势头。当攻击方的进攻势头减弱时，他们可以选择平抽或蹲挡。如果攻击方的站位出现混乱并有空位，那么防守方可以抓住这个机会，将防守转变为主动进攻。

接发球战术。这种策略的核心思想是，根据对手的发球质量，迅速做出决策，并运用高效的技巧来获得主导地位，而不是一成不变地遵循固定的接发球方法和路径。

挑两底线平高球战术。无论对方从何处发起进攻，都要将球指向进攻者后场的另一侧，以实现调整对方位置的目的。

挡勾网前逼近战术。这种战术主要是为了获得进攻权而设计的，尤其是在面对那些在网前扑、推、左右旋转上表现不佳的对手时，能够迅速掌握从防守到进攻的优势。

反抽跟进战术。如果观察到对方在网前的封网技巧不佳，并且封网位置过于接近网，那么可以选择反抽或者半蹲后的抽挡策略来应对。

反拉对角平高战术。这一战术的显著特性在于，当处于被动状态时，必须先将球击打至对方的右后场区，让对方从右后场区发起进攻，再选择对角平高球，使其达到对方的左后场区。

打漏洞战术。首先，我们需要仔细观察对手选择的进攻策略和轮换方法，了解他们的进攻模式。只有这样，我们才能找出对方的弱点和漏洞，从而有策略地将球打到对方的弱点上，进而掌握进攻的主导权。

第三节　乒乓球与足球运动技能的教学

一、乒乓球运动技能的教学

（一）乒乓球运动技术教学与训练

1. 握拍、站位与准备姿势

（1）握拍

乒乓球的握拍技巧与击球动作之间存在着紧密的联系，这在很大程度上决定了每位运动员的技术表现。主流握拍技巧分为直握法和横握法，其中直握法主要被亚洲运动员所采纳，而横握法则是欧洲运动员的传统握法。

①直握法

第一种是直拍快速进攻的握拍方式。

食指自然弯曲，食指的第二指节和拇指的第一指节分别压在球拍的两侧，同时，食指和拇指之间的距离应保持在一个合适的范围内。拍击结束后，其他三指自然弯曲并叠放，中指的第一指节的侧面位于球拍背面大约1/3的位置。这种握拍方式使得手腕更为灵活，并且可以方便地通过手指来调整拍形的角度，从而敏感地调整施力的方向和方式。

第二种是直拍弧圈的握拍方式。

中式直拍弧圈的握拍方式与第一种在很大程度上是相似的，但当正手拉起弧圈时，拍面背后的三指稍微伸直，这有助于在击球过程中更好地维持前倾拍形的稳定性。

日式直拍弧圈的握持方式是拇指紧密地贴在拍柄的左边，而食指则紧紧抓住拍柄，构成了一个小型的环形结构；中指与无名指保持伸直状态，用第一指节支撑球拍的背侧，同时小指自然贴合在无名指的下方。这一独特的握拍技巧几乎将手臂、手腕和球拍融为一体，因为与横拍有相似之处，从而增加了右半台的活动范围，使得在正手拉弧圈和扣杀动作中，手臂的力量得到了更好的发挥。不足之处在于限制了手腕的灵活性，因此在处理快攻球、台内球、追身球以及反手近台球等动作时面临相当大的挑战。

②横握法

首先是深握和浅握的区别。在 20 世纪 70 年代之前，横拍的防守风格（包括结合攻守的方式）是主导，许多削球的运动员都选择了深握技巧。近几年，由于横拍弧圈球的打法和技术不断进步，使用浅握法进行进攻的横拍方式已经变得越来越普及。

其次是基础的握拍技巧。中指、无名指和小指自然紧握球拍，拇指在球拍正面轻轻贴在中指的旁边，而食指则应自然伸直并斜向贴在球拍背面。

（2）基本站位

站位描述的是运动员和球台之间的相对位置。所谓的基本站位，是指一个特定的区域，而非一个固定的位置。不同风格的选手，他们的基本站位范围各不相同。在比赛过程中，运动员的站位合理性直接决定了他们的技术和战术表现。正确的站位有助于维持一个稳定的击球姿态，并快速朝任意方向移动。[1]

①运动员的打法类型不同，站位也不相同

在近台和球台的左侧 1/3 位置，采用左推右攻的打法。在近台和球台的端线中央稍微偏向左侧的位置，采用了直拍近台两面的进攻策略。

---

[1] 韦勇兵，申云霞，汤先军. 体育教学与运动技能分析［M］. 长春：吉林人民出版社，2019.

在进行弧圈球打法时，应保持离台 70～100 厘米的距离，直拍弧圈球的打法应在离球台端线偏左 1/3 的位置进行，而横拍弧圈打法则应在稍微中间的位置进行。快攻与弧圈打法相结合，与球台的距离位于近台快攻和弧圈球打法的中间位置。然而，在球台的端线上，直拍者的位置偏向左侧的三分之一；进行横向拍击的人通常位于中央偏左的位置。在球台端线的中央位置，距离球台有 1 米的地方进行削球打法。在这之中，结合进攻和削击的打法与球台的距离稍微接近，而结合削击和进攻的打法与球台的距离则相对较远。

②运动员的各自特点不同，站位也不相同

这种情况与运动员的技能、生活习惯、身高和身体形态都有很大的关联。比如说，擅长反手推挡和正手拉弧圈球的选手，他们的站位应该稍微远一些，并偏向中央。对于正手侧卧且步伐流畅的选手，可以选择稍微靠近并稍微偏向左侧的站位。此外，每个人站的位置都不是一成不变的。

③根据对方运动员的打法特点不同，站位也不相同

如果对手正在用左手握拍，那么站位应该稍微向中心方向移动。如果对方采用的是弧圈球的打法，则我方应该稍微后退一些。当两队都采用削球的打法时，他们的基本站位应该是靠前的，我们采用的是近台快速进攻的策略，当对手使用削球打法时，我们应该稍微调整站位，促使其后退。

（3）准备姿势

所谓的准备姿势，是指击球队员在准备击球或者击球过程中，所采取的特定姿势。一个合适的准备姿势不仅有助于用脚和腿施加力量，还能促进腰部和躯干各部分的和谐配合和快速启动，同时也能产生最大的击球效果。维持一个恰当的准备姿势有助于提升击球的准确性和命中率。

①下肢

双脚在左右两侧分开，与肩同宽。身体微微偏向右侧，面对球台。

双腿自然弯曲，轻微向内收并向内旋转；前脚掌的内侧接触地面并提踵，而重心则放在两只脚的中间位置。与此同时，双脚持续在小幅度、小区域和微小动作中调整重心，随时做好启动的准备，以更好地展现腿部的力量。

②躯干

稍含胸收腹，上体略前倾，下颏微收，两眼注视来球，收腹、提气，以便于腰髋的转动和发力。

③上肢

无论是持拍手还是非持拍手，都应自然弯曲并放置在身体的前侧，以维持身体的相对平衡。持拍手的肩关节三角肌处于放松状态，而肘部关节稍微向外扩张。前臂、手腕和手指的肌肉群都处于放松状态，通过自然的握拍动作，使得拍面微微前倾，形成半横的形状，并放置在身体腹部的右前侧。

（4）步法

步法是乒乓球技术中的重要组成部分。步法的灵活与否将直接影响击球质量和技术水平。

乒乓球运动中的步法主要包括：单步、跨步、跳步、并步、交叉步和侧身步。

①单步

当球的入球角度较小时，通常使用单步姿势击球，即以一只脚的前脚掌为中心，另一只脚向前、向后或向左、向右移动一步。

②跨步

当球的速度快且角度较大时，通常使用跨步姿势击球，也就是与球方向相同的脚向侧方迈出一大步，然后另一脚继续移动。

③跳步

当球飞得较快且角度较大时，通常使用跳步姿势击球。一只脚用力蹬地，双脚几乎同步离开地面，并在左右两侧进行前后摆动。

④并步

两方进攻的运动员，在从基础位置向左或右移动时，通常使用并步姿势击球，即一只脚朝球的方向移动，另一只脚紧随其后移动一步。

⑤交叉步

当球与身体保持一定的距离时，通常使用交叉步姿势击球，即先让与球反方向的脚向来球的方向移动，超过另一只脚后，另一只脚紧接着向来球的方向移动。

⑥侧身步

当球逼近身体时，通常使用侧身步姿势击球，也就是左脚先向左跨出一步，然后右脚立即向左后方移动。或者是左脚向前插入，然后右脚向左后方移动。

2. 发球技术

（1）平击发球

①正手平击发球

站在近台的位置，右脚稍微偏后，重心在右脚，持球手和持拍手都位于身体的右前方。在抛出球之后，拿起球拍并稍微向后拉动，拍面微微前倾。当球的高度与球网大致相当时，轻轻触碰球的中部，然后向前摆动球拍，并将重心移至左脚位置。

②反手平击发球

站在近台的位置，中线稍微偏向左侧，左脚稍微偏后。在抛出球后，用右手向身体的左后方引拍，拍出的形状是垂直的。当球与球网的高度大致相同时，右臂会向右前方发力，以击中球的中部。

（2）正手发右侧上旋急球（奔球）

站在近台的位置，左脚稍微上前，身体轻微向右转动，双腿轻微弯曲，上半身微微前倾，双手自然放在身体前方。在进行抛球动作时，持拍手朝右后上方进行引拍，同时手腕应保持放松，拍面保持相对垂直。当球落到与网的高度相当的位置时，上臂会驱使前臂从右后方向左前方摆动，同时腰部也向左侧扭转。在击球瞬间，拇指压拍在左侧，同时手腕也从后方向前用力摇晃，球拍则在球的右侧中部产生向侧的摩擦。首个落点位于我方的端线上，而第二个落点则延伸至对方的右大角。

（3）反手发急球

站在近台的位置，右脚稍微上前，双腿轻微弯曲，上半身微微前倾，身体微微向左偏转，左手掌心握球，右手拿着球拍放在身体的左侧。在投掷球的过程中，持拍手向左后方引拍，使拍面微微前倾。当球落到网的高度，持拍手从左后向右前快速挥动，前臂和手腕的发力是主击球的中上部。第一个落点位于本方的端线附近，而第二个落点则位于对方端线的近旁。

（4）正手发左侧上（下）旋球

站在左半台的位置，左脚位于前方。持球者在将球抛向上方时，迅速将持拍手移至后上方，并伴随球拍的后引使身体向右旋转。当执行左侧下旋球动作时，手臂从右后上方向左前下方摆动，拍面稍稍向后仰，而球拍则从球的右侧中下部开始，与左侧下部产生摩擦；当执行左侧上旋球动作时，手臂从右上方向左下方摆动，而球拍则从球的右侧中下部向左侧摩擦。击球的位置必须与身体保持一定的距离，当球拍与球接触时，如果能利用手腕进行辅助发力，将有助于增加球的旋转幅度。

（5）反手发右侧上（下）旋球

将右脚置于前方，左脚稍后，持球者将球抛向空中，然后持拍手向左后上方引拍，同时要注意收腹和转动腰部的动作。最大限度地利用手腕的旋转和前臂发力。当执行右侧的下旋球动作时，持拍手应从左后上方向右前下方摆动，拍面稍微向后仰。在接触球的时候，拍面应从球的左侧中下部向右侧下部产生摩擦。当进行右侧上旋球的动作时，持拍手从左上角开始，经过身体前方，然后向右下方摆动。在触碰球的过程中，拍面会从球的左中下部向右侧摩擦，同时手腕也会执行一个上勾的动作。

（6）正手发转球与不转球

左脚稍微上前，身体微微向右偏转，前臂朝后上方引拍，与肩膀保持同一高度，拍柄向下，拍面稍稍仰起。在击球的过程中，前臂迅速向前下方摆动并轻微向外旋转，同时手腕也要内收力量，以摩擦球的中下部。在发球和转球的过程中，稍微仰起拍面，并在球的中下部进行切割。在进行转球的过程中，我们应该更加重视手臂的前推动作。在是否进行转球的情况下，击球的瞬间会减少拍面的后仰角度，从而增强前推的力度。

（7）正手高抛发球

左脚稍微偏前，两脚保持距离，与肩同宽，身体与球台的角度大约是60°。在投掷球之前，持球手臂轻轻贴在身体上，稍微收紧腹部，然后将球放置在手掌中，双腿轻微弯曲。在进行抛球动作时，需要将手腕固定好，前臂平稳地向上直抛，同时腰部和膝盖也要顺势向上挺伸。重心应集中在左脚上，并同时向右后上方引拍，同时确保手腕得到充分的外展。在挥拍击球的过程中，球拍会从右后上方向左前方快速摆动，腕关节内收发力，同时腰部向左转动以配合用力。

（8）发短球

反手发短球和反手发急球在准备动作上有许多相似之处，区别在于先用手臂向后上方引拍。在击球的过程中，手腕所承受的力量超过了前臂。球的首个落点位于球台的中央区域，与网的距离不宜过近。发球时的动作与发长球基本一致，这样对方很难做出准确的判断。

3. 接发球技术

接发球技术的重难点在于正确判断来球的旋转性能、飞行弧度和落点。

①接上旋球（奔球）

正反手攻球或推挡回接，拍面适当前倾，击球的中上部，调节好向前的力量。

②接下旋长球

用搓球、削球、提拉球回接，搓或削时多向前用力。

③接左侧上（下）旋球

可以使用攻球和推挡（搓球或拉球）来回接，拍面稍微前倾（后仰）并稍微向左偏斜，击球偏右中上（中下）部位，以抵消来球的左侧上（下）旋力。

④接右侧上（下）旋球

可以选择使用攻球或推挡（搓球或拉球）进行回击，拍面应稍微前倾（后仰）并向后右偏斜，击球应偏左中上（中下）的位置，这样可以抵消来球的左侧上（下）旋力。

⑤接转与不转球

在判断不准的情况下，可轻轻地托一板或撇一板，但要注意弧线和落点。

⑥接高抛发球

如球着台后拐弯的程度大，应向拐弯方向提前引拍。

⑦接近网短球

用快搓、快点或台内突击回接，主要靠手腕和前臂的力量。

⑧接不同性能球拍的发球

长胶、生胶、防弧胶的发球基本属不转球，有相应的回接方法。

发球和接球的技能水平往往是由运动员所精通的基础技巧所决定的。随着基础技术能力的不断提升，运动员接球和发球的技能也将逐渐得到加强。在接发球和对攻或对削时，推、搓、削、拉的技术应用存在显著差异，这是因为在接发球的时候，对方已经完全掌握了主导权，这时才会使用这些技巧。在对方进行发球的时候，他们不仅有能力随心所欲地将球送到任意的位置，还可以利用最大的力量或速度来击打球，这无疑极大地提高了接发球的难度和复杂性。因此，对于对接发球，我们提出了更为严格的标准。除了需要适应对方发球时的旋转和落点的变化，还必须确保球能够稳定地返回到适当的位置，这样才能有效避免受到对方的攻击。

4．攻球技术

正手攻球和反手攻球是攻球技术的两个主要分类。

（1）正手攻球技术（以右手持拍为例，下同）

①正手快攻

左脚稍微上前，身体距离球台大约 30 厘米，拿起球拍，在身体右侧引拍，然后从体侧向前上方挥出，挥到前额，手腕内扣，使拍面稍微前倾，在球上升期或高点期击球的中上部，击球后迅速回到放松状态。

②正手中远台攻

左脚稍微上前，身体距离球台有 1 米的距离，持拍手向右后方引拍，拍面稍微向后仰。在击球的过程中，上臂会在腰、肩、腿的协同作用下推动前臂向前上方挥拍，同时手腕也会随着挥拍逐步倾斜至拍面前方。在下落的初期阶段，击球处于中间位置，与此同时，上半身向左转动，重心从右脚转移到左脚，并在击球完成后迅速恢复至放松状态。

③正手快拉

左脚稍微上前，身体距离球台大约 40 厘米。在击球之前，身体的重心稍微下移，前臂下沉，而拍面几乎是垂直的；在触球的瞬间，手腕轻微向内旋转，前臂迅速而有力地向左上方拉动摩擦球，在击球下降的初始阶段，摩擦球的中下部，并在击球结束后迅速恢复至松弛状态。

④正手突击

身体距离球台不超过 30 厘米。在击球之前，持拍手的上臂紧贴身体，而前臂在转动腰部时稍微后移。在击球的过程中，前臂和手腕突然发力，在球达到高点时击打球的中下部，并在击球结束后迅速恢复到放松状态。

⑤正手快拨

身体紧贴着球台，在右脚向右前方迈步时，前臂也伸进球台区域。

在击球之前，确保前臂和手腕完全松弛；在击打球的过程中，根据来球的不同性质，使用手腕向前上方旋转施加力量，将球击出。在球达到最高点时，击打球的中上部（上旋球）或中下部（下旋球），完成击球后，身体会迅速恢复原状。

⑥正手扣杀

左脚位于前方，身体向右旋转，手臂朝后引拍，拍面微微前倾。在击球的过程中，上臂在腰部的协同作用下，驱使前臂迅速发力，在球达到高点时击打球的中上部。

⑦滑拍

身体的重心集中在左脚上，手臂自然弯曲。在击球之前，球拍应放置在身体的右侧，形成半横的姿态。在击球的过程中，需要将手臂从右侧向左侧移动，在达到高点时击打球的左侧。接触球时，手腕外展，然后顺势向左滑，使球向左旋，从而将球打到对方的左角。

（2）反手攻球技术

①反手快攻

右脚稍微上前，身体距离球台大约 40 厘米。在击球之前，持拍手向身体前方的左侧伸出手臂，然后将前臂向上提起，拍面稍微前倾，略高于打来的球；在击球的过程中，以肘关节作为中心，前臂迅速朝右前上方施加力量，与此同时，腰和肩也随之旋转，在球达到高点时击打球的中上部区域。[①]

②反手快拨

动作方法和特点基本同反手快攻，只是动作幅度更小些。

③反手快拉

在击球之前，其重心稍微下移，而持拍手的肘部则开始下沉，拍面稍稍向后仰；在击球的过程中，前臂与手腕会随着力量的变化转动拍

---

① 钱龙超. 高校学生乒乓球体能与运动技能相长的教学研究 [J]. 当代体育科技，2018（26）：155，157.

面，迅速向前并向上施加力量，在球下落的前阶段击打球的中下部。

④反手扣杀

右脚稍微上前。在击球之前，上半身应向左方旋转，而持拍手则应尽量朝左后方引拍。在击打球的过程中，将手臂横放在身体前方，并与腰部的力量相结合，向前下方施加力量，在球达到高点时击打球的中上部分。

5. 弧圈球技术

(1) 正手加转（高吊）弧圈球

在击球之前，左脚应稍稍前倾，双腿轻微弯曲，将重心集中在右脚上，确保右肩低于左肩。持拍手自然下垂，并引导至身后的侧下方，同时手腕应固定，拍面应稍微前倾。在击球的过程中，当手臂朝上或前方摆动时，前臂迅速而有力地发起攻击。与此同时，腰部也会向左上方旋转，以擦击球中部稍微偏上的位置。在击出弧圈球之后，将重心转移到左脚上，并迅速恢复到放松状态。

(2) 正手前冲弧圈球

在击打球之前，持拍手置于腰部右侧，与台面保持相同的高度，同时手腕需要相对固定，并使拍面稍微倾斜。在击球的过程中，上臂驱使前臂朝左前方摆动，上半身随之旋转。触球的瞬间，手腕稍作旋转以施加力量，并在达到高点时从中上部开始擦击至顶端。击打球之后，要迅速恢复到松弛状态。

(3) 正手侧旋弧圈球

在击球之前，用拍手向右后方引拍，同时手腕需要向内弯曲并保持固定。在击球的过程中，上臂驱使前臂从右后侧向左前上方摆动，而上半身则随着力量向内扭转，在下落的初始阶段，擦击球的右侧中部稍微偏下的位置。击打球之后，身体会迅速恢复到松弛状态。

(4) 反手弧圈球

在击球之前，将球拍对准下腹部，使其前倾。当球开始弹起，以肘部为中心，迅速将前臂向上摆动，并利用手腕向上旋转的动力，在下落时摩擦球的中部或中上部，并在击打时使双腿向上伸展。

6. 削球技术

（1）正手削球

左脚稍微上前，身体距离球台1米。在击球之前，手臂自然弯曲，然后将球拍向右上方拉至与肩同高，并将重心集中在右脚上。在击球的过程中，将手臂向左前方和下方摆动，拍击的姿势稍微向后仰，在球下落的阶段击打球的中下部，同时手腕也要向下施加力量。击打球之后，球拍会随着节奏向前移动，重心会转移到左脚上，并迅速回到原位。

（2）反手削球

在击打球之前，将右脚稍微推向前方，手臂呈弯曲状，球拍向左上方拉至与肩同高，拍柄朝下，并将重心集中在左脚下方。在击打球的过程中，你需要将手臂向右前下方摆动，然后将拍面向后仰，在球下落的阶段击打球的中下部。与此同时，前臂和手腕需要加快速度来削击球。击打球之后，身体的重心转移到右脚上。

（二）乒乓球运动战术教学与训练

1. 发球抢攻战术

（1）发侧上旋、侧下旋球结合落点变化进行抢攻

①左长右短

主要采用发侧下旋短球的方式，并配合侧上旋至对方右侧接近网的位置，这样可以使球在对方的台面上跳两次或三次而不被释放，从而给对方的进攻造成不便，为自己创造进攻或拉球的机会。在这个基础上，可以发射一个角度较大的长球（主要是急下旋）到对方的左侧台区，这样对方就很难发力了。可以先拉或先攻，从而为侧身或正手位抢攻创造条件。

②右长左短

这种发球抢攻战术与左长右短相反。

③同线长短

在应对横拍削球手的比赛中，使用同线长短的发球抢攻策略是比较常见的，其中中长中短的策略尤为有效。由于横拍削球选手在回接中路近网短球或中路追身长球时，旋转变化变得困难，导致回球的质量不佳，从而陷入被动状态。对于那些在横拍时采用双面进攻和双面拉扯的选手，这种策略同样具有很高的效果。

（2）发转球与不转球结合落点变化进行抢攻

①转球与不转球发相同落点

以不出台球为主，先发转球后发不转球（也可先发不转球后发转球）进行抢攻。

②转球与不转球发不同落点

连发短球后突发长球进行抢攻。

（3）发急球与侧上旋球、侧下旋球相结合进行抢攻

①发急球与上旋、下旋短球结合。

②发上旋球、下旋球与急球结合不同落点。

③发转急球与不转急球配合发不同落点。

2．对攻和拉攻战术

（1）快攻类

对付快攻打法的战术：紧压反手，结合变线，伺机抢攻。

对付弧圈打法的战术：加、减力推压对方中路或反手，伺机抢攻。

对付削球打法的战术：连续拉对方反手后，突击中路或直线，然后扣杀两大角。

（2）弧圈类

对付快攻打法的战术：运用高吊弧圈，拉住对方反手后，找机会抢冲对方的正手位。

对付弧圈打法的战术：用近台快拨、快推压对方中路或反手后，伺机反拉或冲、扣。

对付削球打法的战术：拉不同旋转和长、短落点的弧圈球后，伺机冲、扣中路或反手位。

3. 搓攻战术

（1）快攻类

①面对快速进攻的战术

主要采用快速搓球和转长球，同时结合拦转和不转短球直到对方反手，然后等待合适的时机进行突击或率先拉起。

②面对弧圈打法的战术

主要采用快速搓转和不转短球的策略，同时结合突然对对方反手底线发起长球攻击，寻找合适的时机进行"加速"或快速进攻。

③对付削球打法的战术

快搓转与不转至不同落点，伺机突击中路或两大角。

（2）弧圈类

①应对快攻战术的战术

在完成短球的搓加转与底线两角长球的搓加转后，适时进行高吊或前冲弧圈，直至达到对方的中路或正手位置。

②应对弧圈打法的战术

将搓转和不转短球结合，快速搓加转底线反手长球，然后在适当的时机拉高吊或前冲弧圈至对方的中路或反手位置。

③应对削球的战术

搓打对方的反手和中路，并在搓正手台内短球之后，适时进行高吊或前冲弧圈球，以达到对方中路或反手的位置。

4. 接发球战术

（1）快攻类

对付快攻打法的战术：用手撇一板或快击对方反手位置，配合突然变正手与中路。

对付弧圈打法的战术：突击。

（2）削攻类

应对快速进攻策略的战术：正手。主要采用快速搓短球和快速搓底线长球的控制策略，接着迅速拉动短球至对方中路或正手位置，然后突然拉起使对方向中路移动。主要采用快速搓球和转近网短球的技巧，并结合搓出两个大角长球，先将吊弧圈拉高至对手的反手位置，从而创造出一个主动拉扯和冲击的比赛环境。在接发球时，可以进行抢位或抢冲动作，通过加转搓球直到对方反手的大角，同时配合送转或不转长球。

对付弧圈打法的战术：用快搓或供球控制对方两角后，伺机进攻或后退削球。

对付削球打法的战术：用快控或接发球抢拉后，再退后削球，形成相持局面。

二、足球运动技能的教学

（一）足球运动技术教学与训练

1. 踢球技术

（1）脚背内侧踢定位球

当沿着与球呈 45°角的斜线助跑时，需要将脚支撑在球的侧面大约两脚的位置，双腿呈弯曲状，用脚掌的外侧接触地面来支撑体重，上半身稍微倾斜到支撑脚的一侧，这样踢球的脚就会自然地向后摆动。踢球时，可以利用大腿来带动小腿，使其以弧形的方式快速前倾，稍微向外转动脚，保持脚面绷直，确保脚趾紧密相连，脚尖斜向前下方，并用脚背的内侧接触球的后部中央。踢完足球之后，腿会随着球的移动而摆动。

（2）脚背内侧踢空中球

在开始踢足球之前，先将大腿抬高，然后将小腿拖至后方，确保脚的内侧与出球的方向对齐，并利用小腿的摆动来平衡球的中部位置。如果想要踢出低球或高球，可以触摸球的中上部或中下部。

（3）脚内侧停空中球

依据来球的高度，需要将停球的脚抬起，确保脚的内侧与来球的路径对齐，并在脚与球接触的瞬间开始后退。在执行后撤动作时，利用脚的内侧与球接触，确保球处于连接下一个动作所需的位置。当脚内侧停反弹球时，需要支撑脚踏在球落点的侧前方，膝关节弯曲，上身轻微前倾并向停球脚方向微转，同时将停球脚提起并放松，用脚内侧对准球的反弹路线。在球刚刚落地并反弹离开地面的时候，可以用脚的内侧去触碰球的中上部分。

（4）脚内侧踢反弹球

根据球的落点及时调整位置，支撑脚的站位和球的落点应保持在踢定位球时的相对位置。踢球时的腿部摆动与踢定位球的动作是一致的。在球从地面弹起的瞬间，可以用脚的内侧击打球的中段。

（5）脚背正面踢定位球

在直线助跑中，当最后一步稍微大一些时，支撑脚需要积极地接触地面提供支撑。在球面的 10 厘米至 12 厘米范围内，脚尖应对准出球的方向。此时，膝关节会轻微弯曲，踢球的腿也会随着跑动向后摆动，使小腿屈曲。在支撑的同时，踢球腿应以髋关节为中心，由大腿推动小腿从后方向前摆动。当膝关节被放置在球的正上方附近时，小腿会产生爆炸性的摆动。当脚趾弯曲时，应使用脚背来击打球的后部中央。击打球之后，身体和踢球的腿都会随着球的移动而向前移动。

（6）脚背正面踢侧面半高球

根据球的速度和移动路径，选择合适的击球点。身体向支撑脚侧倾斜，展开腹部，踢球腿抬起，大腿伸展，小腿弯曲。大腿驱动小腿从后向前快速摆动，用脚背击打球的中部，同时身体向出球方向扭转。击球后，踢球脚随着球前进摆动，以保持身体的平衡。

（7）脚背正面踢反弹球

依据球的移动速度、轨迹和下落位置，将支撑脚踏在球的落点侧边。当球触地时，采用踢球腿的爆发式前摆，在球刚从地面弹出时，利用脚背击球中部，并控制小腿的上摆（即送髋、膝关节前移），这样出球的高度就不会过高。

（8）脚背正面踢倒勾球

根据球的移动速度和运动路径，确保其能够迅速移动到预定位置。在确定支撑的位置时，应当思考将击球的位置置于身体的前上部，同时保持支撑腿的膝关节轻微弯曲，并使上半身向后倾斜。踢球腿的摆动方向以髋关节为中心，当球落到身体前上方的适当高度时，用脚背正面击球的后部，然后将球踢向后方。

（9）凌空踢倒勾球

根据球的移动速度和轨迹，选择合适的击球位置，并确保其迅速移动到预定位置。以踢球腿作为起跳的基础，同时将另一条腿抬高，身体向后仰，目光紧紧盯着飞来的球。蹬地腿在离开地面后迅速摆动，而另一条腿则向下摆动，这样做是为了保持身体在空中的平衡，并用脚背正面击球的后部。踢球之后，双臂轻微弯曲。手掌朝下，手指朝向头部的相反方向接触地面，弯曲肘部，接着背部、腰部和臀部按顺序滚动着地。

（10）脚尖踢球

脚尖踢球也被称为脚尖戳球，是一种利用脚尖接触球的技巧。由于脚尖踢球的速度非常快，所以在雨天或场地泥泞的情况下，这种踢法会被频繁使用。这个技巧可以踢那些与身体距离较远，用常规脚法难以踢出的球。利用支撑腿进行跳跃和上步动作，同时用踢球腿屈膝前跨，尽量将髋关节前推，双臂上摆以协助身体前倾，小腿向前伸展，并在踢球脚触地之前用脚尖轻轻戳向球的后中部。

2. 接球技术

（1）脚内侧接球

停止滚动球时，确保支撑脚与球正对，膝关节轻微弯曲，接球腿向外弯曲并前倾，脚尖微微翘起，并在脚与球接触的瞬间开始后退。在后退的过程中，用脚的内侧与球接触，以缓冲球的力量，确保球始终处于下一个动作所需的位置。

在停止反弹球的过程中，需要将支撑脚踏置于球落点的侧面前方，并使膝关节呈弯曲状。上半身微微前倾，转向接球的方向，抬起接球腿，让踝关节放松，确保脚的内侧与来球的反弹路径对齐；当球刚从地面反弹时，应使用脚的内侧来接球的中上部分。

当球在空中旋转时，根据球的高度，需要将接球脚抬高并向前迎，确保脚的内侧与球的路径对齐，并在球与脚接触的瞬间，根据球的速度开始后退。在执行后撤动作时，用脚的内侧接触球，以缓冲球的力量，从而将球稳定在下一步动作所需的位置上。

脚内侧接球的技巧主要应用于执行停地滚球、反弹球以及空中球的动作。脚内侧接球技术的显著特性在于其与球接触的面积较大，这有助于稳定球的位置，并便于调整方向与执行下一个动作相匹配。

（2）脚底接球

在停止滚动球体的过程中，支撑脚应位于球体的侧后方，膝关节轻微弯曲。接球时，抬起脚，膝关节自然弯曲，脚尖翘起，高于脚跟，脚跟离开地面，略低于球的高度；确保踝关节处于放松状态，并用前脚掌触碰球的中上部分。在停止反弹球的过程中，需要将脚踏支撑在球落点的侧面后方。在球触地的瞬间，前脚朝向球的反弹路径，触碰球的后上方。在比赛中，脚底接球的技巧主要应用于拦截正面的地滚球和反弹球。脚底接球技巧的一个显著特性是脚底与球的接触面积较大，这有助于将球停稳。

（3）胸部接球

面对飞来的球，双脚张开，双臂自然展开，下巴向内收缩。在接球的过程中，挺胸，使上身向后仰，然后将球弹向前上方并使其落在身体前方。当球的高度相对较低时，可以采取收腹和含胸的姿势，并将球向下阻挡。胸部接球的技巧主要应用于拦截高球和直球，并进一步分为挺胸接球和收胸接球。

（4）大腿接球

在接球时，大腿的核心动作是面对球提前抬起腿，当大腿与球接触的瞬间，迅速将大腿回撤，这样就能迅速停球。

3. 运球技术

（1）脚背外侧运球

在进行直线运球的过程中，需要保持自然的移动速度，步幅应适当缩小，上半身应稍微前倾，同时两臂需要进行协调的摆动。当运球腿弯曲膝盖并提起前摆时，脚趾稍微向内旋转并斜向下指，当脚摆到球体的上方时，利用脚背的外侧来推动脚的后中部，确保球的重心随着脚的推进保持稳定。在进行变向运球的过程中，应依据角度和方向的变化来调整支撑脚的位置、触球的位置以及运球脚的施力方向，以确保蹬摆和推拨球的动作能够协调一致。

（2）脚背正面运球

这是一个自然移动的动作，其步幅略显狭窄，上半身微微前倾，双臂和谐摆动，运球者膝盖弯曲并提起前摆，脚背紧绷，脚跟抬高，脚趾向下指，然后用脚背正面推动球，最后自然落步。

（3）脚背内侧运球

在自然移动中，步伐略小，上半身微微前倾并稍微向球的侧面转动，双臂和谐摆动。在运球时，腿部弯曲并抬高，脚尖稍微向外旋转，利用脚背内侧将球推向侧面。

（4）脚内侧运球

支撑脚位于球的前侧，膝关节略微弯曲，上半身轻微前倾并朝球的方向移动，随着重心的前进，运球腿的膝关节向外转动，用脚的内侧推动运球前行。

4. 头顶球技术

（1）原地顶球

①前额正面顶球

身体正对着球，双脚前后分开，膝盖轻微弯曲，上半身向后仰，重心集中在脚上，双臂自然展开，双眼凝视来球。在进行顶球动作时，需要蹬地、收紧腹部、弯曲身体并使重心向前移动。在顶球的过程中，保持颈部紧绷，迅速甩动头部，并击球中部位置。

②额侧面顶球

上半身和头部稍微向出球方向的另一侧转动，击球时上半身向出球方向扭转，同时甩头，击球点位于同侧肩膀的上方。

（2）跳起顶球

①跳起前额正面顶球

当身体正对着球时，身体的重心下降，用两脚或单脚用力蹬地跳起。在这个跳跃上升的过程中，上半身会后仰成弓形，双臂自然张开，两眼注视着来球。在顶球的过程中，需要收紧腹部并弯曲身体，保持颈部紧绷，迅速甩动头部，并在击球后的中部位置屈膝以达到缓冲落地的效果。

②跳起额侧面顶球

当进行跳跃动作时，身体的上侧会稍微弯曲，与球相对。在顶球的过程中，要迅速旋转身体、摆动头部，并利用额头的侧面将球推出，接着屈膝使其平稳落地。

③向后顶球

体向后伸展，挺胸、扬头，击球底部，将球顶出。

5. 抢、截球技术

（1）正面抢、截球

面对对方，当对方的运球脚接触到球并即将接触地面或刚刚接触地面时，一只脚立刻用力蹬地，另一只脚向球迈出一步，完成堵抢后，将重心转移到抢球腿上。后腿迅速向前伸展，形成稳固的支撑脚。如果双方同时接触到球，那么在抢球的过程中，抢球腿需要顺势向上拉扯，以便让球从对方的脚背上滚过。接着迅速跟球，确保球被牢牢控制。

（2）侧面抢、截球

在与控球者并肩奔跑的过程中，身体的重心会稍微降低，而与其接触的一侧手臂需要紧贴身体。当对手的脚靠近自己的一侧并离开地面时，应巧妙拦截对方，使其失去平衡，并借此机会控制球的方向。

6. 守门员技术

（1）守门员选择位置与准备姿势

守门员在执行各种动作之前，需要采取合适的站立姿态，以确保他们能够迅速且准确地完成扑、接球和移动的所有准备工作。因此，守门员的预备姿势尤为关键。守门员的双脚与肩同宽，膝盖自然弯曲并稍微向内扣，脚跟微微抬起。身体重心集中在前脚掌上，上半身微微向胸前倾斜，目光紧紧盯着球，双臂放松，五指分开，掌心朝下放置在身体前方。在比赛进行时，选择球的位置应该是在对方射门时，球所处的位置与两个球门柱之间形成的分角线上。遵循这一原则，可以根据对手的射门距离，适时向前移动，以减小对方的射门角度。

（2）接球

接球是一种根据接收到的球的不同类型，运用各种不同的技巧来接住并牢固抱住球的过程，这也是守门员在技术层面上最关键的一环。接球的方式包含接地滚球、接平直球以及接高球。

①接地滚球

面对球，双脚分开站立，单膝下跪，膝部与另一只脚的脚后跟紧密相依。将两只手的手指向下分开，确保两手的小指紧贴，同时保持两手接球的后底部位置。在手与球接触的瞬间，双手向后拉动、弯曲肘部（也称为内靠）、弯曲腕部，并将两臂紧贴在胸前，将球紧紧抱住。如果接到的球是一个低球，可以直接弯腰，稍微将两脚分开，保持双腿伸直，并确保身体始终位于球的后方，这样接球的方式与之前相同。

②接平直球

一般指来球的高度在胸部上下。

第一种，接一个低于胸部的平直球。保持身体挺直，迎向飞来的球。双臂下垂，肘部弯曲以迎球，两只手的小指紧贴在一起，掌心正对着球。为了确保在受到球的冲击时身体不会失去平衡，接起球的时候身体应该稍作后撤。接球的方式与接地滚球相似。

第二种，接一个与胸部高度相当的平直球。身体正对着球，双臂弯曲并向前伸展，两只手的拇指紧贴在一起，掌心与球相对。当手与球接触时，应适当地用手腕和手指施加力量来遮挡和稳定，同时弯曲手臂并向后拉动，然后用反掌将球紧紧抱在胸前。

③接高球

确定球的落点后，迅速移动手臂，双臂迎向上方，用拇指相对，确保掌心与球对齐。在接球的过程中，用手指和手腕施加适当的力量来阻挡和稳定球，接着弯曲肘部并用反腕将球紧紧抱住。

（二）足球运动战术教学与训练

1. 比赛阵形

场上的球员在确定了自己的核心位置并确保履行职责后，需要充分利用自己的智慧，根据场上的实际状况，参与到进攻和防守中。目前足球赛事中，经常使用的阵型包括："四三三"阵型、"四四二"阵型、"五三二"阵型、"三五二"阵型。

2. 局部进攻战术

局部进攻战术指的是在进攻过程中，两名或多名队员进行有效地协同作战。合作方式包括交叉掩护配合、传切配合以及"二过一"配合。

（1）交叉掩护配合

交叉掩护配合指的是在特定区域内，两名队员在运球时进行交叉换位，他们会用自己的身体作为掩护，帮助队友越过一名防守队员。

（2）传切配合

传切配合指的是队员将球传递给试图切入的进攻队员，可以分为一传一切和长传切入这两个模式。

（3）"二过一"配合

所谓的"二过一"配合，是指在特定区域内，两名进攻球员通过连续两次传球，成功越过一名防守方球员。例如，横传直接插入斜传二过一、横传斜插直接传输二过一等情况。

3. 整体进攻战术

所谓的整体进攻战术，是指为了达成进攻目标而采纳的整体进攻协同策略。整体战术需要大量人员参与，是一个团队内部高度协调和统一行动的体现，也反映了队伍在进攻和团队配合方面的实力。

一个全面的进攻策略包括启动、扩展和终结这 3 个关键步骤。在进攻阶段，目标是取得球、控制球并进行传球。在发展的过程中，全面进攻阶段包括无球跑动和有球配合。比赛的结束阶段包括通过传中、运球突破、传切配合等方式创造的射门，以及包抄、补射等攻击对方球门的阶段。①

依据进攻的方向可分为边路进攻、中路进攻、转移进攻、快速反击进攻、层次进攻、破密集防守进攻。

（1）边路进攻

边路进攻指的是在对方场地的两侧组织进攻。它的显著特性是最大化地利用场地的宽度，从而有效打开对方的防御线。在边路的边缘区域，防守球员数量相对较少，在纵深防守上的表现并不出色，这为他们提供了大量的机会来突破对方的防线。接着，使用策略来创造中路的得分机会，但由于直接射门的角度较小，很难成功射中对方的球门。

（2）中路进攻

中路进攻指的是在对方半场的中间位置组织进攻。它的显著特性包括大量的进攻人员、深入的层次、众多的配合点、广泛的覆盖范围，以及大角度的射门和众多的进球机会。尽管如此，由于防守团队的高度集中和强大的纵深防护，突破的难度相对较高。中路的进攻策略包括运球突破、踢墙式的二过一配合、运球交叉掩护配合、回撤反切突破、横扯插上突破、头球摆渡和定位球配合等多种方式。

（3）转移进攻

所谓的转移进攻，是指当中路的进攻受到阻碍时，转向边路组织进攻，或者当边路的进攻受到阻碍时，转向中路或另一侧组织进攻。这项技术的显著特性在于，充分发挥了场地的灵活性并利用了足球比赛中不受时间和传球次数限制的进攻规则，能够迅速调整攻击点位置，迫使对

① 袁微，董娜，张华. 大学生球类运动文化探究与运动技能培养［M］. 北京：中国商务出版社，2018.

方的防守线发生横向移动，从而创造有利条件，成功突破对方的防线。

（4）快速反击进攻

所谓的快速反击进攻，是指在我方后场接到球之后，由于对方的防线已经压迫到中场，这为后场创造了更大的进攻空间，可以迅速将球传给已经插向前场的攻击队员，或者在频繁攻防转换中，在中、前场争夺到球后迅速进行突破或传球，从而创造射门的机会。

（5）层次进攻

所谓的层次进攻，是指在敌方已经布置好了防御阵型的前提下，运用有组织、分阶段的战术配合方式进行进攻。其独特之处在于，提供了大量的时间和随机选择的机会来寻找敌方的防守弱点，并逐步进行突破，从而提高进攻的成功率。分层的进攻策略包括边路进攻、中路进攻以及转移进攻。

（6）破密集防守进攻

破密集防守进攻策略是指，为了确保不输球、减少输球或维护自己的战绩，全队选择在后场进行防守而不是进攻，这是一种特定的进攻战术配合方式。

4. 防守战术

防守战术是一种在比赛过程中，通过个人防守和团队协作来阻止对方进攻并重新掌握球权的策略。在足球比赛中，进攻和防守构成了一种相互制衡和相互推动的对立关系。只有当这对矛盾在剧烈的冲突中互相推动时，才能构成坚固的防线，从而增强进攻和防守的实力。忽略任何一个方面，都无法实现真正的独立发展。在现代足球运动中，主动的防守策略孕育了进攻，而在失去球权后迅速组织现场拦截已经变成了其核心特点。在近代足球运动中，坚固的防守和迅速的进攻策略已经被确立为核心的战略导向。

防守原则有四点：一是延缓对方的进攻；二是保持平衡；三是收缩；四是控制。

第五章 田径运动的科学化训练

第一节 田径运动训练理论

一、田径运动训练的理论知识

如今，现代竞技体育的表现已经达到了一个新的高度，与过去相比，已经有了翻天覆地的变化。

现代竞技体育的表现持续上升，这部分归功于经济、社会和科技的进步，这些进步优化了训练的方式、工具和环境，使得训练更为科学。从另一个角度看，运动选材的科学性得到了提升。毫无疑问，在现代竞技体育中，人才之间的竞争是不可或缺的，因此，挑选那些拥有运动天赋的人进行训练，可以确保训练的效果达到预期。

要想培养出一位杰出的运动员，大概需要 8～10 年的时光，并确保在合适的年纪达到最佳的运动表现。因此，我们需要提前选拔出表现出色的年轻选手，为他们提供有针对性的基础和早期的专业培训，这样才能确保杰出的田径运动员能够迅速崭露头角。

科学的选材方法有助于筛选出在运动方面表现出色的儿童和青少年。通过科学的选材，我们不仅提高了选材的效率和准确度，而且结合科学的人才培养策略，能够有效地提高人才的合格率，避免人力、物力和时间的浪费。

通过科学的选材方法，我们可以确保多年的系统训练能够顺利进行。对于那些在运动方面表现出色的新秀运动员，有必要立即开始全面的系统训练，以确保他们能够尽早取得优异的成绩，从而避免错过宝贵的时机，并确保目标能够顺利达成。[①]

二、田径运动训练的选拔理论

（一）遗传理论

人类遗传学专注于遗传和变异的研究，它不仅关注父母和子女在特性上的相似性，还深入探讨了父母与子女在特性上的差异性规律。从遗传学的角度看，遗传有助于人类维持子代和亲代之间的相似度，并确保人类种群的稳定性。正是因为存在变异，人类得以持续地进化和进步。遗传与变异构成了一种内在的矛盾关系，它们是辩证统一的体现，其中遗传具有相对的稳定性。

在对运动员进行科学选拔和训练的过程中，人类遗传学的研究成果已经成为科学选拔的"物质基础"，为运动员的科学选拔和训练提供了指导，并且很多理论已经得到了运动实践的验证。随着基因科技的不断进步，人类遗传的深奥之处正在逐渐被揭示，并重新为大众所了解。

运动能力的遗传表现出三个主要特征：连续性、相关性以及阶段性。

德国科学家格拉姆在探究运动能力遗传问题的过程中指出，在运动能力遗传方面，拥有出色运动天赋的亲代，除非是极端个体，否则其子代中有大约 50％的人会展现出卓越的运动才能，并且存在超越亲代个体的可能性，亲缘关系越远，这种可能性就越高。在杰出的运动员的子孙中，出现了众多的运动奇才。

从遗传的角度看，一个基因具有多重功能，而多个基因也可能产生相同的功能，这导致基因与性状之间存在纵向和横向的关联，它们既相互推动又相互制衡。人体的运动能力水平受到多种因素的影响，包括人体的形态、心脏的功能、神经系统和肌纤维等。这些因素之间有着密切

---

① 李爱国. 田径运动教学研究 [M]. 武汉：武汉大学出版社，2017.

的联系，它们不仅可以相互促进，还可以相互制约。以田径项目的选手选拔为背景，我们需要评估一个形态素质出众的少年是否拥有良好的身体机能，他的肌肉纤维类型是否与项目的特性相匹配，以及他的神经过程在强度、均衡性和灵活性上是否适合参与田径运动。

从遗传的阶段性来看，人类的运动能力并不是从出生时就能明显展现出来的，这是因为它受到了遗传特性随时间变化的规律的影响。遗传可以分为显性遗传和隐性遗传两大类，某些遗传特点可能会在不同的代际遗传，即便是显性遗传，通常也需要达到一定的生长发育年龄，才能展现出遗传优势。每个个体在发育过程中都有其独特之处，不同的个体可能展现出相似的特性，这些特性在时间和强度上都有所不同，并呈现出各自的阶段性差异。这意味着运动员选拔不是一个简单的测试，而是一个持续的过程。在进行运动训练的过程中，我们需要持续挖掘、筛选出真正的运动天才。

在变异的推动下，人类持续地进步和发展，运动能力也在不断增强，从而成功地突破了一个又一个人类极限。

总体来说，运动能力受到遗传基因调控和外部环境因素的共同作用。人体的体态、运动能力和生理功能等，都会在不同的程度上受到外部环境和训练条件的影响。众多人类遗传学专家认为：遗传仅仅为运动能力的生成和成长提供了生理、生化以及组织器官的物质基础，而环境因素和科学训练则在运动能力的培养和发展方面发挥着极为重要的触发和推动作用。

田径运动科学的选材理论基础是基于人体运动能力的遗传和变异规律形成的。由于遗传和变异的不确定性以及它们之间的相互联系，为运动员选拔带来了挑战，并带有一定的复杂性。在选拔过程中，除了要深入了解亲代的运动表现外，还须密切关注子代在成长过程中，在外部环境和科学训练影响下所展现的运动才能。这些表现不仅有助于我们更好地观察运动能力的遗传特性，还能揭示运动能力的多样性，从而使得选拔过程更加精确、合适和科学。

（二）人体生长规律理论

在运动员的科学选拔研究中，最核心的议题是了解和掌握儿童和少年在生长发育过程中的基础规律，以及在不同成长阶段，学生在身体形态、生理功能、运动能力、运动表现以及生理和心理特质等方面的变化规律。仅当我们深入了解、掌握这些发展规律，并准确、科学地评估运动员的发育水平和发育类型时，我们才能确保选拔过程更为科学，并更精确地预测运动员的潜力。生长发育的普遍规律描述了人类在成长过程中所展现的普遍特点，这是一个从数量增长到质的转变，这种变化不仅在身体的形态上有所体现，还在各个器官和系统功能逐步分化和持续进步上产生影响。在此过程当中，个体间明显的差异是由遗传、环境等众多元素所决定的，但我们仍然需要遵守这一普遍存在的法则。由于生长和发育受到时间发展规律的限制，这种规律决定了选拔过程不是一次性的。在这个过程中，环境因素和科学训练对选拔质量有着直接的影响。

人体的成长和发育呈现出分阶段和连续的特点。生长和发育的每一个阶段都是有关联的，但又不能随意跨越。每个阶段都有特点，并与其他阶段有所不同，而且每个阶段及其前后阶段都表现出有规律的交替和衔接性。前一个生长阶段为接下来的阶段提供了关键的物质支撑，任何阶段的成长障碍都可能对接下来的阶段带来不利的后果。在选拔运动员时，我们需要充分考虑学生的成长和发育特点，对学生的成长和发展水平进行合理评估。人体的成长和发育速度并不是线性增长的，而是呈现出波动的模式，通常会经历两个成长发育的高峰阶段，分别是出生后的1～2年和进入青春期。青春期通常被定义为10～20岁之间。在这个阶段，青少年在身体和心理上都会经历剧烈的变化，他们的成长速度会明显提高，身体形态、功能和运动能力都会发生显著的变化。与此同时，他们的心理状态也会经历非常快速的变化。这些变动在情感、态度、行动、人与人之间的关系、自我评估、价值取向以及对社会的责任感等多个领域都有所体现。在青少年时期，身体对外部环境的反应特别灵敏。因此，在训练中，我们需要确保方法的科学性和合理性，并在生理、心理和社交生活等多个层面特别强调对运动员的指导和支持。

在儿童和少年的成长过程中，并没有遵循一个均衡的发展模式。儿童和少年在身体器官和系统的成长发育速度上存在明显的不均衡性，其中一些生长速度较快，而另一些则相对较慢。然而，这些不同的生长发育速度之间也有一定的相互联系和影响，表现出统一性。如果神经系统是最早发育的，而生殖系统的发育相对较慢，那么即便是在同一个系统内，身体的各个部分也会有不同的发育程度。例如，大块肌肉群的发育速度超过小块肌肉，而屈肌的发育速度也超过伸肌。因此，在选拔运动员时，应充分考虑学生成长发育的规律；在进行早期的身体训练时，我们更应重视身体各部位的发育优先级和发育连续性。

考虑到人体成长和发育的各种特性，田径运动选手的选拔过程中有几个关键问题需要特别关注。

在掌握了成长和发育的普遍规律之后，应进一步深化对运动员个体特质的理解。只有针对运动员的个体特点，并结合合适的选拔和训练，我们才有可能识别出有潜力的新秀。

人体的各种机能和身体素质的发展敏感期是不同的，因此在选择材料的过程中，必须了解儿童和少年的各种机能和身体素质的发展敏感期。田径运动属于体能相关的项目，只有在身体素质处于关键发展阶段时进行适当的引导，才能确保新秀不会被误判或淘汰。

儿童和少年在发育过程中受到遗传和环境等多种因素的作用，因此他们的发育程度也会有所不同。运动能力与个体的发育成熟度（或者说发育速度）之间存在着紧密的联系。在田径比赛中，那些以速度、耐力和技术为核心的项目，应主要选择那些"大器晚成"的选手，而那些具备特殊天赋的"大器早成"选手则作为补充。对于主要依赖力量的投掷项目，如果条件一致，应优先选择"大器早成"的选手，而"大器晚成"的选手作为补充。因此，在选择运动员的过程中，确定发育的程度是一个关键的标准。

在人体运动能力的培养方面，环境因素和科学训练起到了极为重要的触发和推动作用。在选拔运动员的过程中，我们应该为儿童和青少年提供一个能够充分发挥他们运动才能的训练环境，这不仅为他们提供了一个展示运动才华的平台，同时也为我们提供了一个观察和筛选优秀运动人才的机会。

三、田径运动训练的选拔实施

在田径运动的科学选拔过程中，我们主要关注以下几个方面：划分选拔的各个阶段和任务、运动员的选拔模型、选拔涉及的内容、采用的方法与手段，以及选拔的组织方式等。在田径运动员的选拔过程中，评估和预测是核心环节。各个选拔阶段的工作焦点和标准决定了选拔的任务和划分。构建合适的选拔模型是决定选拔质量的关键，竞技能力的结构特性决定了选拔内容，而科学的测试方法和工具则是决定选拔质量的核心。此外，选拔工作的效率也会受到选拔工作的组织方式的影响。各种任务之间存在紧密的联系，它们都对选拔的效果产生影响。[①]

（一）田径运动选拔的阶段任务

在不同的选拔阶段，任务和标准都存在明显的不同，这些差异主要是由于训练体系的连贯性和分阶段的逐步推进所导致的。通过了解运动选拔的各个阶段，我们可以对选拔过程有一个全面和清晰的认识，并明确每个阶段的具体任务以及它们之间的紧密联系。

在田径运动员的选拔过程中，我们根据年龄将其分为三个阶段：初选、重点选拔以及优选。这种分类方式满足了青少年在不同训练阶段的需求，并与我国田径训练的组织模式相契合，因此，具有更高的代表性。任务的核心是对测试成果进行评估和预期。考虑到各个阶段的选拔目标以及我国三级训练的组织特点，下面在总结以往经验的基础上，明确每个选拔阶段的核心任务。

初选阶段：主要目标群体是年龄在 8 至 12 岁之间的儿童，特别是

---

① 冉勇. 田径运动教学与训练实践研究［M］. 长春：吉林人民出版社，2017.

那些在跑步、跳跃和投掷方面具有较高能力的。教练员采用多种方法，对合适年龄的儿童和少年进行了广泛的观察和简单的测试，以了解他们的家族病史和体育活动经历。通过这些观察，评估了他们的成长水平，并测定他们在形态、功能和心理等方面的遗传特点。基于这些评估结果，进一步确定了选手是否适合接受训练，并初步筛选出合适的训练对象。

重点选拔阶段：主要任务是对选定人员的身体成长水平、体质以及运动技能的提升速率进行评估，并预估其在特定运动项目中的潜力。在这一阶段的选拔过程中，主要目标是通过对初选运动员的基础训练进行观察和了解，以评估他们在一般身体运动、基础动作技巧学习和掌握方面的能力。从身体形态、运动能力、技术水平、心理素质和训练表现等多个维度进行综合评价，以便从中筛选出与本专业特性相符的运动员继续参与训练。

优选阶段：在经历了重点选拔阶段之后，为那些适合进行系统性专项训练的运动员提供的训练被视为优选训练。在这一阶段的选拔过程中，主要目标是深入分析和预测运动员在专业技能、技术进步以及两者之间的协同发展和潜在的运动能力增长。此外，还需要考虑运动员在各种复杂环境下的心理适应性和稳定性。在这个阶段，教练对选定的运动员进行全面的分析显得尤为关键，基于这样的分析，对运动员的竞技能力和训练潜力进行科学预测显得尤为重要。

（二）田径运动选材的内容指标

在田径运动员的选拔过程中，我们可以从身体的形态、机能、素质、专业技能、心态、成长阶段等多个维度来进行区分。在田径比赛中，各个项目所选择的杰出运动员，以及各项目在各个年龄段的选拔模型和内容指标的科学性和代表性，都对田径运动员的选拔成功率和准确度产生了显著的影响。

总体而言，选拔测试指标应具有相当高的实用性和操作性。然而，田径作为一项体能训练项目，在全面身体素质提升的基础上，每个项目都有其独特的主导素质，这些素质在决定运动员是否能够成才方面起到了至关重要的作用。因此，在田径选材研究中，如何确保选材的内容和标准既具备实际操作性，同时也能全方位、精确地展现青少年运动员的各个发展阶段，将成为主要的研究方向之一。

（三）田径运动选拔的方法

田径运动的选材方法和手段构成了选材实践的基础，并且是影响选材工作质量的关键因素之一。目前多个学科已经深入运动选拔的研究中，形成了一个庞大的方法论体系，这些方法从各自的角度来评估或预测运动员的当前状态和未来趋势，这不仅有助于运动员进行全方位的分析和评估，还极大地拓宽了研究领域和运动选材研究的范围。这些选材策略不仅相互补足，而且各自独立存在。基于田径选手选拔的实际操作，选拔方法可以划分为：自然选拔、基于经验的选拔、基于科学的选拔以及综合性的选拔四大类。

根据不同的视角和因素，选拔方法也会有所不同，包括遗传选拔法、年龄选拔法、形态选拔法、素质选拔法、机能选拔法、心理选拔法和生化选拔法等。在日常工作实践中，为了精心挑选和匹配合适的人才，我们通常会综合运用上述方法，全面考虑诸如生长发育状况、身体形态指标、身体素质、专业运动技能、生理生化指标、心理状况、遗传因素以及承受运动负荷的能力等多个方面的指标。

在选拔过程中，鉴于存在众多的选拔方法，不可能在某一次选拔中不加选择地全部采纳，因此，选择合适的选拔方法变得尤为关键。在选择田径运动的选手选拔方法时，我们应当基于科学原理和田径项目对运动员的基本要求，同时结合选手选拔的各个阶段、目标和职责来做出决策。要判断方法的合理性，需要满足以下几个标准：客观性，意味着无论何时，任何人使用此方法都能获得一致的效果，而不会受到测试者意图的影响；可靠性，意味着被检测和测量的特性是稳定的，并且在多次测量中可以获得相同的数据；有效性，指测量的结果能够反映备选运动员的当前状态，具有预测未来可能性和影响未来成绩的能力；经济性，所采用的方法应当是简洁实用的，并且材料选择与所需资金的比例应当是合适的；可行性，在本地区和当前时期，只要有足够的人力、物力、技术和知识资源，这个办法是完全可行的。

（四）田径运动选拔的预测

运动选拔的预测仅仅是一种手段和过程，它是预测的基础和前提，最终的目标是预测运动员在未来是否能够成为一名优秀的运动员。在运动员的选拔过程中，预测是至关重要的一环。整个选拔过程以预测为中心，运用先进的科学仪器和方法来直接或间接地测试运动员的各种性能指标。然后，将收集到的数据、指标和分析结果与教练的实际选拔经验相结合，以便为运动员提供科学的训练方向，并预测他们未来的运动潜力。

预测方法主要分为主观判断预测和数学模型预测。下面介绍几种常用的预测方法。

1. 历史类比预测法

这种预测方式是基于历史数据来推断相同的条件，而预测未来发展的逻辑方法则是基于两个或两种对象之间的某些相似或一致的特性，来推测它们在其他方面可能存在的相似性或一致性。

2. 模型预测法

使用模型模拟一种现象，通过改变参数的方法，研究某种事物未来发展的状况。

3. 特尔斐法

这是一种对于决策者来说非常有效的科学决策和执行手段，它体现了专家与大众合作的核心理念，主要优势在于操作简洁、直观，并且预测的结果可以为策划者提供有价值的参考信息。

对于运动选手的选拔和预测，是基于运动员在各种测试中的表现，以及他们的成长和发展状况来进行的。运动选材作为一个不断变化的过程，仅依赖一次性的测试数据来预测运动员未来的发展方向显然缺乏科学依据，因此得出的结果并不稳定。在评估运动员的潜力时，我们需要结合训练的特定阶段，在特定的训练负荷条件下，仔细观察运动员的成绩增长幅度、速度、可训练性以及承受训练负荷的能力等多个方面。值得注意的是，这一阶段的时间越长，越接近预定的预测目标，那么预测结果的可信度也就越高。

由于人体结构的复杂性和影响运动表现的多种因素，这些定性或定量的预测手段都无法达到非常高的准确性，即便是在预测形态和机能方面也是如此。然而，在选拔选手的过程中，分析和判断运动员竞技水平的发展趋势是绝对必要的。因此，在选拔研究中，如何增强预测的可靠性和准确性成了一个核心议题。

四、加强田径运动选拔

田径运动作为一种竞技体育，与运动员的体能特性有着密切的联系。我们需要挑选那些拥有独特才华的备选选手，并经过严格和科学的培训，以确保他们能够与国际顶尖运动员竞争，从而迅速提升自己的表现，进一步提高我国田径运动的整体水平。

（一）科学选材的理论需要加强

我们应当根据各个基础学科的理论和技术进展，进行全面地跨学科研究，以增强田径运动选材理论的科学性。我们需要建立一个高效的运动员选材模型，确保选材的内容和指标既具有实际操作性，又能全面准确地展现青少年运动员在各个方面的发展状况。

广大从事田径运动的专业人士需要善于利用所有可能的机会来拓宽选手选拔途径。根据全国范围内的各类活动，通过体育部门与各级学校的体育教师和教练员的紧密合作，从这些人才中筛选出一批表现出色的中长跑运动员。

在田径运动的选手选拔中，研究并强调了拓展比赛内容的重要性。在运动选拔中，比赛选手的选拔被视为一个关键的方法。在田径比赛中，竞赛不仅是一个评估训练成果的平台，同时也是选拔优秀人才的关键途径。在比赛过程中，运动员展示了在技术、身体、心理以及应对变化的能力等多个方面的综合状态，这在常规训练中是难以实现的。这也确保了运动员在比赛中从小就能健康成长，这对他们的发展起到了至关重要的作用。然而，由于青少年运动员在身体成长阶段和个体之间存在显著差异，他们在比赛中取得的成绩并不能全面反映他们的发展潜能。如果仅以比赛成绩和名次作为选拔准则，这将可能导致训练过程中忽视青少年运动员的身体特性，盲目追求专业成绩，从而使一部分具有发展潜力的青少年运动员流失。

（二）科学选拔研究需推广

我国在田径运动选拔方面的理论研究已经建立在相当坚实的基础之上。普通业余体校、重点业余体校、体育运动学校以及优秀运动队，构成了全国范围内选拔和培养杰出运动员的主要途径。在这个选拔和训练体系里，各个级别的业余体育学校作为早期训练的一部分，对于发掘、培育和输送优秀运动员的后备力量做出了显著的贡献。

如果高水平的教练在选拔运动员时主要依赖经验，那么在选手的选拔中，经验所占的比重可能会更为显著。尽管教练的选拔经验非常关键，尤其是那些拥有丰富经验的教练，但在科技飞速进步的今天，我们完全具备找到科学选拔和经验选拔相结合的方法的能力。教练员应当积极地学习最新的科技成就，选拔科研项目的完成标志应当是其在选拔实践中的应用，而不是局限于专家的评估或学术论文的报告。此外，如果各级管理部门能增加对基层选拔的支持力度，配置专门从事选拔研究的人才，并配备专门的选拔测试设备，那么选拔的科学性将会得到显著提升，从而使田径运动的选拔工作效率大大提高。

在选拔的实践中，如何运用选拔研究的成果是广大田径运动工作者今后工作中需要特别重视的问题。

（三）选拔范围应广泛

田径运动的科学选拔是一个从基础阶段到高级阶段的筛选和持续培育过程。为了科学地控制选拔流程，我们需要遵循选拔的固有规律，构建一个科学的选拔体系，完善组织管理结构，并明确各个层次和阶段的选拔任务以及它们之间的紧密联系，从而形成一个层次分明、连贯的体系。

在各种不同的训练阶段，科学的选拔方法需要被广泛地融入，并构建和完善各个级别的运动选拔体系。运动选拔和运动训练之间存在着并行发展的联系，因此选拔和训练应该形成一个并行适应的体系。当前，我国的田径运动员培养模式是由国家和省市的优秀运动队、体育运动学校以及各种少儿体育学校共同组成的。我国的田径运动选拔系统是田径运动管理中心的一部分，而各级选拔系统则是由相应级别的体育和教育部门负责组织和管理的。在各种不同的层面上，我们应当成立专门的运动员科学选拔团队，并确保重点体育学校有全职人员持续地进行运动员的科学选拔。科学选拔小组负责管理和执行本单位以及本层次的选拔研究，并为下一阶段的选拔提供专业指导。

五、田径运动专门训练理论

专门训练理论的核心思想是，在进行运动训练时，所有的训练目标、任务、策略、工具和负荷都应以专项竞赛为中心进行规划和安排。这种专门化的竞赛不仅是运动训练计划的起点，也是其最终目的，因此也被称为专项化训练理论。专业化的训练已经成为现代田径运动发展的重要方向。在现代高水平的田径比赛中，运动员通常只能获得微小的优势，这反映了专业比赛中的激烈竞争和对抗性。[①]

各类运动训练教材和指导手册在训练内容的分类方面，基本上都分为专项训练、专项辅助训练、专项基础训练以及一般训练。从本质上讲，这种分类方法是准确的，并且在实际应用中也是可行的，但问题在于对分类准则的理解存在误区。通常采用"专项动作"作为区别标准，将与之有显著差异的训练内容视为非专项内容。尽管不同项目的动作在

---

① 贺慨. 高校田径教学创新与课程改革研究［M］. 青岛：中国海洋大学出版社，2019.

运动学特性上有许多相似之处，但由于工作强度的差异，完成这些动作时的动力学特性也会有很大的不同。如果都是短跑，那么短跑与长跑在特定特性上会有所不同。将那些有很大差异的动作都归类为"专项动作"显然是不恰当的。

（一）田径运动专门训练的理论依据

1. 生物适应性规律

人体的生物适应性原则构成了专业训练的理论支撑，这也决定了我们在训练时的核心需求。

根据适应性原则，在训练过程中应尽量使用专门的训练方法进行组织和训练，运动员将不断适应这种身体运动方式，并逐步产生适应性的变化，从而形成一个稳定的、与专业需求相匹配的神经肌肉适应性结构。如果日常训练中没有为运动员提供这种特定训练内容的激励，或者训练时间不足，那么这种状态的结构就会变得不稳定，从而在比赛中无法取得预期的成绩。因此，我们必须高度重视这一点，日常训练应根据比赛标准进行，同时也需要构建这样的适应性框架。

2. 运动生理学依据

从运动生理学的视角看，训练的目标之一是增强机体在专项运动中的供能系统能力。而供能的速度和总量在很大程度上依赖于专项活动的特性，尤其是活动的强度和持续时间。对于参与周期性项目的运动员而言，只要在训练过程中维持专业技能、速度和强度的稳定，所消耗的能量将会维持在一个稳定的水平，同时其生物化学机制也将保持不变。因此，在训练过程中，只要保持训练的强度和时长不变，并且肌肉的活动模式保持不变，那么与专项相对应的能量供应系统就会接受有氧和无氧供能比例的锻炼。

从生物学的视角看，骨骼肌的收缩是完全由控制它的神经来控制的，并且这种收缩既不是"完全"的，也不是"完整"的。因此，随着练习动作的变化，神经与肌肉之间的联系方式也会相应地改变。因此，不是专门的训练内容、方法或手段，而是练习与专项要求不同的神经一肌肉联系。

（二）田径运动专门训练的方式

1. 专门训练的关键因素

在田径运动的训练中，最核心的目标是提高运动员的力量和速度素质，对专项技术进行改进。只有当专项技术在运动中发挥出最大的潜能，达到最佳的速度，运动员才能实现更高、更远和更快的目标，从而获得理想的专项成绩。很明显，专项运动的表现是由其速度所决定的。因此，我们需要根据决定专项运动速度的核心因素来判断和了解所使用的方法和手段是否满足专业训练的标准。

比如说，田径项目中的力量锻炼和举重项目中的力量训练。举重比赛涉及强度和重量两个方面的考量；田径的挑战并不局限于力量，还涉及速度和技术的问题。我们应该将力量训练的焦点转移到腰部和髋部，因为髋部位于人体的中心位置，所以发力的效率应该是最高的，这样人们在跑步时也会更快。运动员在最终阶段所达到的力量或速度水平，仍然需要被应用到特定的专业领域中，因此，在训练过程中必须仔细评估所采用的训练方法是否能有效地提升他们的专业水平。

2. 专门训练的能量供应特点

在田径这样的周期性体育活动中，通常会根据运动能量供应的特性来判断是否需要进行特别的训练。在剧烈的体育活动中，我们可以将机体的能量来源分类为三大类：无氧供能、无氧与有氧的混合供能以及有氧供能。

无氧供能可以进一步细分为 ATP—CP 直接供能和糖的无氧酵解供能两大类。各种不同的体育活动，其能量的提供方法各不相同。在运动过程中，能量的提供并不是唯一的途径，存在多种能量供应方法。因此，教练需要清晰地定义专项运动的主要能量供应方式。或者更准确地说，是运动员在胜利时刻所依赖的主要能量供应方式。以 100 米跑为例，身体主要依赖三磷酸腺苷（ATP）和磷酸肌酸（CP）来获取能量，因此，ATP 和 CP 在体内的储存以及它们之间的代谢作用构成了达到最高跑步速度的生理和生化基础。研究发现，在训练过程中，随着速度素质的提升，肌肉内 ATP 和 CP 的储备量也会相应增加。

在 400 米和 800 米的竞赛中，除了 ATP—CP 系统的能量供应，糖的无氧酵解是主要的能量来源。因此，要想提升 400 米和 800 米跑的表现，关键在于增强运动员体内的糖酵解代谢功能。糖的无氧酵解能力与多种运动负荷的组合，如运动负荷、运动持续时间以及休息和间歇时间等有着紧密的联系。在短时间内，一个合适的负荷组合可以显著提高运动员的糖酵解供效率。运动的负荷组合是由教练员的训练技巧所决定的，它反映了教练员对项目特性的深入理解，也是训练理念的集中展现。

3．肌肉工作特性

在特定的运动项目中，专业训练的肌肉工作特性与特定技术动作的特点存在差异，这为确定专业训练提供了关键的参考依据。专业的训练应当与实际紧密结合，努力确保训练中的动作设计与专项动作保持一致。我们必须深刻理解，锻炼身体素质的某个动作不仅是一种训练方法，同时也是一种练习技巧。练习某个动作既能锻炼我们的身体素质，也能加强我们的专业技能，因此，精心设计动作可以达到双赢的效果。身为教练员，若不深入了解和掌握特定运动中肌肉的工作特性，就无法真正领会运动专项的独特之处。这会导致训练方法的选择和应用、训练计划的制订和执行都存在很大的不确定性，从而使得训练效果难以持续提升，最终难以达到理想的水平。

（三）田径运动专门训练的意义

特定的训练应当满足田径比赛的进展需求，并与田径运动的发展趋势和实际需求相一致。通过专业的训练，运动员可以更早地展现出卓越的表现，从而确保他们的运动表现得到进一步的提升。只有当我们深入理解专门训练的目的和重要性，并确保所有的训练计划都与专项比赛的标准一致时，训练的强度、能量供应方式以及神经—肌肉的种类都应与比赛保持同步。也就是说，比赛的内容决定了训练的内容，只有这样，我们才能在训练中使用专业的方法和策略，更有效地提升田径运动的表现。

现代的田径运动在各个项目上的表现已经非常出色，为了在比赛中赢得胜利或打破新的纪录，教练和运动员都需要付出极大的努力。因此，作为教练员，首先需要对田径运动的各个项目特性有准确和深入的认识，确立合适的训练指导方针，寻找提升专项成绩的有效训练路径，科学地规划训练结构，并准确地选择合适的训练方法和手段。同时，还需要合理地安排和控制训练负荷，以确保训练任务能够顺利完成，从而达到预定的计划目标。

如果我们对自己的训练项目特性没有深入地了解，那么肤浅的理解是无法制订出真正有效的训练计划的。在这种情况下，无论运动员的运动强度有多高，或者训练过程多么艰难，都可能导致训练效果不佳，甚至可能引发不良影响，如运动伤害和过度劳累。为了有目标、有策略地培养运动员的特定技能，我们必须基于项目的本质和特点进行深入研究，并有针对性地实施训练，这样才能获得明显的效果。所有的培训活动都是围绕这个核心目标来组织和实施的。在选择练习方法时，我们主要关注练习方法与特定项目之间的关系，以评估其是否有助于提高专项运动的表现。只有准确地理解项目的独特性，我们才能在选择和设计训练内容、方法和工具时，更加满足专业训练的标准，并在这些项目中取得更出色的表现。

六、田径运动的负荷理论

田径运动员的训练是与运动负荷紧密相关的，运动员通过运动负荷来评估他们的训练水平。当身体受到运动负荷的刺激时，会产生相应的反应，这有助于锻炼运动员的体力、技巧和精神状态。不夸张地说，负荷确实是导致身体改变、实现训练效果和提升运动表现的核心因素。如果没有足够的负荷，训练就无法进行；如果不消耗，增长也是不可能的。

田径运动属于体能相关的项目，要想提升表现，关键是要深入挖掘运动员内在的体能潜质。因此，在田径训练中，要想获得良好的表现，对运动员施加高强度的运动压力是关键。在田径运动的训练阶段，各种不同的运动负荷因素通过不同的组合和搭配，能够让相同类型的身体锻炼产生不同的成效和训练效果。在运动员的成长过程中，每一个训练阶段都会有不同的训练任务，这些任务对运动员的运动负荷和负荷结构提出不同的要求。如今，田径运动的比赛数量持续上升，并已逐渐融入训练中，这导致了运动的整体负荷结构经历了显著的转变，甚至在质量上也发生了变化。观察当前全球杰出的田径选手，他们在训练过程中所经历的变化，尤其是在运动负荷上的调整，更多的是在负荷的强度上，而不是在负荷量上，这无疑是一个突出的特征。这些变动非常值得我们深入研究和讨论，以便更有效地为训练提供指导。

（一）田径运动负荷的概念

在进行理论探索时，清晰的概念定义是进行正确思考的前提。只有当我们拥有清晰的概念时，我们才能做出适当的判断，进行逻辑上的推断，从而准确地分析和研究问题。如果概念模糊，可能会引发思维的混淆，导致人们无法获取准确的知识，无法进行正常的沟通，甚至可能导致误解和错误。概念不仅是各个科学领域的基础，也是知识发展的阶梯。在特定的历史背景下，任何概念都代表着人们对某一事物的认识深度，它不是知识的终点，而是新知识的开始。因此，清晰地定义运动负荷这一概念，对于田径运动负荷的理论研究将产生深远的影响。

关于运动负荷这一概念，有多种不同的解释方式。一方面，它揭示了运动负荷自身的复杂性；另一方面，它也指出了我们当前对于运动负荷这一基础概念存在着大量的模糊和不一致的理解。这种在概念上的混淆主要体现在相关文献中描述运动负荷的术语过于复杂和不一致。因此，在研究的过程中，如果没有对所谓的运动负荷进行严格的定义，那么在学习、应用和参考的过程中，由于对某些概念的不同理解，可能会导致误解。

尽管对于运动负荷这一概念的理解存在差异，对于负荷结构的解读却是统一的。运动负荷由负荷量和负荷强度组成，并据此建立了负荷量与强度之间的关联模型。通过不同的量和强度的数值组合，我们可以构建出具有不同训练效果的特定负荷结构和运动负荷的分类知识体系。

（二）田径运动负荷的分类

当前，在国内所有的运动训练学教材和专著里，对运动负荷种类的分类大多是基于运动主体的特性来进行的。依据各种不同的分类方式，我们能够识别出多个不同的种类。爱特科·弗尤根据生物体的负荷承受能力，将训练负荷划分为以下几个类别。

一是超过有机体机能能力的过量负荷。

二是发展性负荷，能使某一方面的适应性蛋白质得以合成，并使机体产生发展性变化。

三是维持性负荷，能防止已增长的蛋白质结构遭到破坏以及机体其他方面的衰退。

四是恢复性负荷，虽不足以阻止衰退变化，但对再生过程有积极作用。

五是无用负荷，对机体没有发展、维持或恢复作用。

（三）田径运动负荷的定性

训练中运动负荷定性的基本内容如下。

首先，专注于运动负荷的特性。运动负荷应该与运动员参与的项目和他们的训练水平相匹配。基于这一点，我们可以将运动负荷分类为专项负荷和非专项负荷。专项运动成绩的直接提升依赖于进行有针对性的练习，而间接提升则是通过进行非专项的练习实现的。唯有通过专门的练习，我们才能获得出色的成绩。因此，在现代高水平运动员的训练中，强调专项练习已经成为不可或缺的环节。要确保训练的成功，关键是始终将其放在不断提升的专项训练水平上。

其次，供能系统的主要工作方向是运动负荷。需要明确在练习过程中，肌肉是如何工作的。在肌肉活动中，有3种主要的能量来源：磷酸原无氧能源、乳酸性无氧能源以及有氧性能源。在科学地规划运动负荷时，对供能系统的作用方向进行准确定性是一项至关重要的任务。现在，通过测量血乳酸来确定供能系统的功能方向，已经显示出相当不错的成效。然而，血乳酸的浓度在任何方法下都可能发生变化，如果所使用的训练策略和手段不满足特定需求，那么提升专项表现的目标仍然是不可能的。

最后，关于动作协调性的复杂性。当协调性练习变得更为复杂和难度更高时，生物体所承受的压力也会相应增加。识别动作协调性的复杂性是对运动负荷进行定性分析的一个重要方面。在有规律的运动项目里，动作的协同复杂性相对较低，对运动的负荷几乎没有太大的影响。在训练过程中，协调性的复杂性是不可避免的，而对其进行区分则是控制训练负荷的关键步骤。

现阶段，由于体育科学研究的不足和测量方法的局限性，对运动负荷进行定性分析仍然面对着巨大的挑战。例如，在评估专项性负荷时，确定哪种练习方法和手段与专项特性相符，哪种方法和手段不属于专项性，以及是否对项目特性有准确地理解，都是相当困难的。现在，关于这个问题，很多评估都是基于教练员的实际经验。但是，在当前的比赛中，胜败之间仅有微小的差距，仅仅依赖简单的经验来评估运动负荷的特性是不够的。因此，未来在这一领域的科学研究需要进一步加强。

（四）田径运动负荷的定量

对运动负荷的量化意味着需要对其进行详细的测量。对运动负荷的量化主要从两个维度来看，即负荷的数量和强度。负荷量涵盖了负荷持续的时长、单次或多次练习所带来的工作量等因素；工作的压力和紧张度等因素都与负荷的强度密切相关。

评估负荷量和负荷强度时，仅能根据具体的项目和单独或组合的练习来进行。现阶段，对一节训练课或一个周期内的运动负荷进行全面评估是相当困难的。目前，评估的量和强度仅能针对特定的项目、单独的练习或组合练习来进行。简单地将运动负荷的量与距离、时间、次数等物理参数相结合，以反映一个训练课的实际运动负荷，这种方法可能并不十分精确。

外部指标与内部指标作为两个关键的参考标准，用于计算运动负荷的大小。在实际的操作过程中，用于衡量负荷量的外部指标通常是通过在训练方法和手段中经常使用的测量参数来确定的，比如 100 米跑需要 10 次，而总跑量则是 1000 米；80 千克的杠铃需要举起 10 次，其整体重量达到了 800 千克。通常，负荷强度的外部指标是基于训练方法中经常使用的度量单位，或者是实际的负荷强度与运动员实际达到的最大负荷强度之间的比率。比如，100 米短跑时每跑 11 秒，或者按照个人最大负荷强度的 95% 来进行训练等。

所谓的负荷内部指标，其实就是生物体对于已经完成的练习所作出的响应。通过运用内部指标来评估负荷的程度，可以依据在完成练习过程中，主要功能系统所展示的各项指标来做出判断。例如，在进行运动反应时，需要考虑完成单一动作所需的时间、施力的强度和特性、心跳频率、呼吸的频次、肺部的通气量、所需的氧气量，以及血液中乳酸的积累和累积速率等因素。

除了上面提到的指标，负荷的大小还可以通过工作能力的恢复、糖原的积累、氧化酶的活跃度以及其适应性等因素来进行评估。

田径运动的核心是对人类进行生物学上的调整和重塑，许多这样的变化发生在社会结构、血液、肌肉乃至细胞之中，但实际上是难以观察和触摸的。因此，在一次训练课程中，教练的经验对于课程的正确与否、效果如何都起到了决定性的作用，只有那些拥有丰富训练经验的资深教练才能真正理解这一核心观点。为了准确评估运动负荷的影响，必须进行生理和生化指标的测试，甚至需要使用更先进的科研仪器和设备。

在训练过程中，所有用于衡量负荷的指标仅能揭示负荷含义的局部细节，并且使用的指标数量非常有限。在进行运动训练时，我们必须充分考虑到负荷的整体影响，并对其进行准确、合适和精确的测量，这是科学训练中的关键环节和一个显著标志。[①]

七、田径运动周期训练理论

田径运动周期训练理论一经提出，便成国际各国进行体育训练，尤其是体能项目训练的核心理论，并在各国的运动训练实践中得到了广泛应用，成为主导的理论支撑。在我国的运动训练的理论和实际操作中，周期性训练的理念也被赋予了显著的重要性。自 20 世纪 60 年代中期这一理论被提出以后，我国在竞技运动训练方面，特别是在体能相关的运动项目上，都在这一思想观念的引导下进行了精心的设计、组织和执行。这一理论在我国的教练和运动员中得到了广泛的认同，已经成为影响运动训练的重要理论之一。至今，我们的运动训练实践都是在这一理论框架下进行的。周期训练理论是基于体能项目研究而构建的，这使得它在指导田径运动方面具有更高的研究价值。

周期训练理论经历了近半个世纪的发展，为运动训练的进步做出了显著的贡献。为了让周期训练理论更有效地服务于实际训练，我们需要回顾周期训练理论的发展历程，总结其发展方向，这样可以帮助教练和运动员更准确地把握训练理论的时代趋势，进行科学的训练，从而不断提高运动训练的水平和成绩。

（一）周期训练理论的依据

实际上，运动训练周期理论为年度训练计划提供了具体的组织和指导。马特维耶夫的周期理论核心思想以年度作为时间单位，将训练分为：准备期、比赛期和过渡期。在这 3 个不同的训练周期中，会有不同比例的负荷量和负荷强度，以及一般身体训练和专项训练。基于这些特点，他构建了周期训练理论。现阶段，田径比赛体系也呈现出鲜明的年度周期性，因此，人们普遍采用年度周期作为组织运动训练活动的基础

---

① 马志虎. 现代田径运动训练理论的发展趋势分析［J］. 拳击与格斗，2021（6）：47.

单位。根据年度周期是否涵盖了重要的比赛,例如奥运会和世锦赛,我们可以将其划分为常规年度和主要比赛年度,或者根据年度的核心任务,进一步细分为恢复训练年度、基础训练年度和提高训练年度等。周期训练划分的主要依据如下。

1. 竞技状态形成的规律

竞技状态描述的是运动员在竞技达到新的高度后,经过特定训练所达到的对于运动表现的最理想的准备水平。评估运动员竞技表现的主要标准是他们在比赛中所展现出的成绩。能够达到或接近最高水平的运动成绩的次数越多,意味着竞技状态越好。

竞技状态的周期性发展是其周期性划分的自然依据,而竞技状态的演变过程可以细分为 3 个相互交替的阶段:获得阶段、保持阶段(也称为相对稳定阶段)以及暂时消失阶段。因此,训练的时间周期也被划分为 3 个阶段:预备阶段——确保竞技状态得以确立;竞赛阶段——确保处于竞技状态,并在比赛中展示已经取得的各项竞技实力;过渡阶段——确保有足够的活动休息,以维持训练质量在一个预定的范围内。

所谓的最佳竞技状态,是指运动员在取得卓越的运动表现时,所经历的最合适的预备阶段。竞技状态的塑造主要依赖于对训练流程的精细化管理。只有当运动员在比赛中展现出最佳状态时,他们才能获得出色的表现,这也是体育训练追求的终极目标。运动员出色的竞技表现主要体现在:对身体机能活动的有效节约;缩减复原的时长;增强专项活动所需的运动体验;技术发挥稳定,动作既准确又协调,而且施力的效果也相当出色;情感高涨,对比赛充满了渴望。只要运动员在上述各方面的表现都达到了较高的水平,并能维持一段时间,那么就可以确定该运动员的竞技状态正处于最佳状态。

2. 竞赛项目日程的安排

周期性训练的核心目标是科学地、合理地规划并有效地管理运动训练流程,以确保运动员能够取得出色的专业表现。运动训练的核心目标是在比赛中取得出色的专项成绩,因此,竞赛项目的日程安排对于我们确定训练周期具有极其重要的参考意义。

比赛的日程安排对训练的具体时间产生了某种程度的影响。鉴于这个日程明确了正式比赛的时间，所以在组织训练活动时，必须考虑时间限制。另外，比赛的日程安排也会对比赛的整体结构产生影响，这在某种程度上限定了其他训练阶段的持续时长。在一整年的田径训练活动中，比赛应根据其重要性进行分类，并依据训练阶段的特性进行相应的安排。在比赛的准备阶段，如果比赛的重要性相对较低，并且具有明确的训练和监管特点，那么这类比赛基本上就是一种训练性质的比赛。如果运动员在重大比赛前的准备或者他们的最佳表现出现在比赛期间，那么在这个过渡阶段，比赛的安排通常并不是必然的。

目前，田径比赛受到了商业化和职业化的强烈冲击，与以往相比，高水平运动员的比赛数量已经呈现出倍数增长的趋势。

田径运动训练的核心目标是确保在比赛中取得出色的成绩。竞技状态形成了周期划分的内在机制，而竞赛日程则是这一周期划分的外在条件。竞技状态的调整和发展也是基于比赛安排来进行的。因此，将竞赛日程作为年度周期划分的主要依据，主要是从竞赛制度变革的角度来研究训练周期的划分。

（二）田径运动周期训练安排要点

田径运动年度周期安排应抓住以下几个特点。

紧密关注关键比赛，并以在大型赛事中取得出色表现为动力。明确主要的比赛和常规比赛，并根据运动员的竞技发展趋势，合理规划全年的训练和比赛活动。有目标、有选择地采用"以赛带练"和"以赛促练"的策略，确保运动员在关键比赛前能够达到最佳的竞技状态，从而实现年度比赛的目标。

比赛与训练的结合。训练的目的是比赛，而比赛同样是提升训练效果的关键途径。杰出的运动员在每个训练周期内都会参与竞赛性的评估和热身赛，以检查训练成效，识别不足之处，并在后续的训练中集中精力，以便在重要比赛中取得出色的成绩。此外，每个训练周期的内容都与比赛相结合，训练中特别强调速度训练和提高前进速度的特点，这种紧密地结合不仅增强了训练的针对性，还与下一个训练周期形成了良好的衔接，有助于提高训练的系统性、节奏感和周期性。

训练的内容与传统的周期性安排有所区别，更加注重提升专业技能，无论是身体状况还是技能培训，都与专业训练的核心理念紧密相通。把训练和比赛结合在一起，因为训练是为了比赛，而比赛则是为了促进训练。

注意各周期之间的衔接。在执行年度训练周期时，将一年中的每一个阶段视为一个连贯的整体，上一个训练周期甚至比赛的安排都是为了更好地服务于下一个周期，以实现更优的训练效果。我们需要关注各个阶段间的深层联系和它们之间的连接，确保年度训练在系统性、节奏感和周期性上都保持一致。

（三）合理制定周期训练的建议

随着经济和社会的进步，现代竞技体育的环境得到了显著的提升，广大民众对竞技体育的文化需求也在不断增长。因此，竞技体育的社会化和产业化发展呈现出蓬勃发展的态势，竞赛的数量也有了大幅度的增加。周期训练的理论在其原始框架上也经历了许多调整，这导致了很多的变化。尽管情况可能会发生变化，但周期训练理论的基本原则依然适用。

广泛的教练群体已经清晰地意识到周期性训练理论在体育训练中的核心地位。为了更好地适应现代比赛制度的演变，教练在规划运动员的运动训练模式时，应继续遵循周期性训练的理念，并妥善平衡比赛与训练之间的关系。

1. 重视竞技状态形成的规律

要想获得任何出色的运动表现，运动员必须保持在一个良好的竞技环境中。竞技状态的形成和发展遵循其独特的规律。只有当训练的进程与这些规律相一致时，我们才能实现最佳的训练效果，确保运动员的训练水平能够有效提升，这样的训练周期才能被认为是科学的。因此，不管是在哪种比赛制度或训练周期中，偏离竞技状态的形成和发展规律都是不可取的。

2. 重视竞赛重要程度的区分

随着全球田径比赛场地的持续繁荣，运动员需要面对的比赛项目越来越多，比赛时间也逐渐延长，每一场比赛之间的时间间隔也逐渐缩短。在这样的背景下，我们是否应该在一年之内安排十几个大规模的训练周期呢？针对这一议题，马特维也夫教授明确表示，期望运动员在排满的比赛日程中，在每一场比赛中都能获得出色的表现，并不是一个聪明的选择。为了确保运动员在比赛中展现出最佳的竞技表现，并在关键的比赛中取得卓越的成绩，训练过程的周期划分显得尤为重要。

我们应当避免盲目地迎合和实施"以赛代练"的策略。首先，我们需要根据各种实际情况，明确比赛的重要性和优先级。在确定每年要参与的比赛时，我们要区分哪些是重点比赛和哪些是常规的练习比赛。接下来，根据年度重大比赛的总体目标，即在其中获得出色的运动表现，我们需要为其他比赛设定不同的重要性和目标。同时，根据竞技状态的发展趋势，我们需要合理地规划全年的训练和比赛，并有针对性地实施"以赛带练"和"以赛促练"的策略，确保在重大比赛期间达到竞技状态，从而实现年度目标。

八、田径运动训练恢复理论

在科学的训练体系里，运动恢复被视为关键的一环。在运动训练的过程中，负荷和恢复是两个密切相关的环节，它们也是影响训练效果的两个核心因素。负荷和恢复是两个矛盾又统一的方面，这两个方面相互依赖，相互补充。缺乏疲劳的锻炼是无效的，而未经恢复的锻炼则是风险较高的。在锻炼的时候，人们往往只专注于运动前的充分准备，却常常忽略了运动后疲劳的缓解，即运动后的身体恢复。我们必须明白，如果忽视运动后的恢复，疲劳会逐渐累积，并在一定程度上加剧，最终可能导致过度疲劳，有些运动员甚因此结束了他们的职业生涯。在田径运动的训练过程中，除了增加训练负荷外，还需要重视运动员的恢复，这也是体育研究中的一个核心议题。

随着田径运动技能的持续进步，进行高强度的训练已经变成了高水平田径运动训练的主流方向；竞赛的对抗变得更为激烈，比赛的次数也逐渐增多。全球杰出的运动员每年都要参与超过 20 场的比赛，而参与这些比赛也被视为一种增强训练强度的策略。面临着高强度的训练和频繁的比赛，运动员的身体疲劳程度将不可避免地增加，这将进一步影响他们重新训练的能力。因此，各国越来越重视运动恢复，并投入大量的人力和物力进行研究，以提高恢复效果。[①]

在进行运动训练或比赛之后，身体会出现不同程度的疲劳现象，这是一种正常的生理反应，也是运动训练的必然结果。然而，运动员在训练或比赛结束后是否能够迅速且全面地恢复，将直接决定其运动表现的进步。为了实现高强度的训练，加速身体的恢复是至关重要的。如果在训练或比赛结束后没有得到迅速地恢复，可能会导致过度的训练，进而对训练效果产生负面影响，并可能对比赛的成绩产生不利影响。在营养和康复方面的投资，实质上也是对训练活动的资金支持。只有在确保恢复正常的基础上，由负荷引发的疲劳才具有实际意义。高度关注运动恢复已经变成了田径运动训练的发展方向，运动恢复已经变成了田径运动不可或缺的一部分，也是田径运动训练的一个重要组成部分。

（一）关于田径运动训练恢复理论的依据

1. 对运动恢复的理解

当运动员承受运动的压力并受到其他外部环境的影响时，他们的身体和心理能量会短暂地下降。这种变化促使身体与外部环境进行物质、能量和信息的交换，进而产生新的能量，从而不断增强身体功能和运动表现，这一过程被称为运动恢复。

运动的恢复是确保训练能够持续进行的关键，甚至可以断言，如果

---

① 王艳. 关于田径运动体能训练方法的研究 [J]. 体育风尚, 2021 (3)：52—53.

没有恢复，那么训练的质量也无法得到提升。世界各地的杰出田径选手，在面对巨大的运动压力时，都在不停地探索各种恢复策略。尽管大多数恢复手段并不容易引起人们的关注，但它们经常被视为许多人成功的"秘密武器"。

在体育活动结束之后，人体的各项生理功能活动依然保持在运动前的水平，需要经过一段特定的时间才能逐步恢复到原先的状态，这个过程被称为恢复过程。身体的各种功能并不是在运动结束后才开始逐渐恢复，而是在运动员进行运动的时候，在能量物质分解后的再合成阶段，已经开始逐渐恢复，只是此时的组织细胞消耗已经超过了恢复的速度。运动结束后，消耗会停止，人体的恢复过程会加强，直到完全恢复。在恢复阶段，依据人体内能量和物质的消耗与恢复之间的关系，可以将其划分为运动时消耗更为显著的阶段、运动后的恢复阶段以及超量恢复阶段。对恢复规律的研究和掌握，并在实际操作中有针对性地应用，对于确保训练的高质量和提升运动训练的表现具有至关重要的作用。运动恢复的核心目标不仅仅是为运动员提供充足的休息时间，更重要的是帮助他们消除疲惫，并确保他们的身体机能得到持续地维护和增强。

2. 运动性疲劳

运动性疲劳是一个复杂的问题，它涉及多个层面，这一研究领域已经有超过一百年的历史。在《辞海》中，疲劳被定义为由于长时间或过度的劳累导致的身体不适和工作效能的下降。在《运动生理学》中，运动性疲劳被描述为：运动导致的身体功能和运动能力的短暂减退。导致运动性疲劳的主要因素是运动，运动能力的减退是短暂的，但经过适当的休息可以恢复。因此，疲劳是一种正常的生理现象，是运动到一定阶段后，必然会出现的生理功能变化。对疲劳进行研究的核心目标是减缓运动过程中的疲劳，以便在运动结束后能迅速地消除疲劳，加速恢复过程，并提升运动员在竞技中的表现能力。从运动者的主观感受和客观感受来看，可以将其分类为生理疲劳和心理疲劳。生理疲劳可以通过更客观的指标来反映，而心理疲劳则更侧重于主观感受。这两种疲劳既存在差异，也有一定的相关性。

3. 运动性疲劳产生机制

经历了一个世纪的不断研究和发展，随着对运动性疲劳生成机制的深入了解，目前最具代表性的理论观点有以下几种。

①能量耗竭学说：运动性疲劳主要源于运动员在运动时，体内的各种能量物质（如 ATP、CP、肌糖原、肝糖原等）被消耗殆尽，而这些能量并未得到及时的补给。

②代谢产物堆积学说：运动性疲劳主要是由于运动过程中某些代谢物质（如乳酸、氨等）在体内大量累积所导致的。

③内环境稳定失调学说：认为疲劳是由于 pH 下降、水盐代谢紊乱、血浆渗透压改变等因素引起的。

④保护性抑制学说：人们普遍认为，大脑皮层的保护性抑制导致了运动性疲劳的出现。当进行短暂且高强度的运动时，大量的兴奋性冲动会向大脑皮层的相关神经细胞传播。如果神经细胞长时间处于兴奋状态并过度消耗，就可能导致保护性抑制的产生。

⑤突变学说：人们普遍认为，疲劳是由于肌肉收缩控制链中的能量供给、肌肉的力量以及兴奋收缩的偶联这三个部分中的一个或多个环节被打断或损坏所导致的。

⑥自由基损失学说：人们普遍认为，疲劳的出现主要是因为在进行体力活动，特别是在急性高强度的运动中，体内生成了大量的自由基，这些自由基进一步形成了链式反应，导致了膜结构等方面的损害。

对于运动性疲劳的生成机制进行了深度探究，这有助于我们对运动性疲劳有更全面地了解。如果我们能够有针对性地实施适当的措施，那么疲劳就可以得到缓解，同时也可以加快疲劳的消退速度，从而增强运动表现。

4. 运动性疲劳的诊断

科学地评估运动性疲劳的出现和强度，对于合理地规划训练具有巨大的实践价值。但是，疲劳呈现的方式各不相同，导致疲劳的因素和位置也有所区别。至今，我们还未找到一个确切的方式来评估疲劳，因此，我们应该对运动性疲劳进行全面的评估。

下面介绍几种常见的方法。

（1）观察法

观察运动员的反应，通过询问、观察对象的自我感觉和其某些外部表现，判断疲劳的程度。

（2）生理指标测定与判断

在进行长距离跑步或竞走之后，由于下肢的血液滞留和组织液的增加，小腿围有可能会增加，而这种增加与疲劳的程度是正相关的。

在长时间的运动中，会导致泌汗增加和体重减轻，而这种减轻的程度与运动的强度是紧密相关的。

肌肉力量可以通过测量握力、背力和腿力来评估，可以在早晨和晚上各进行一次测量，或者在运动前后进行一次测量，以观察其差异和恢复状况。如果在次日清晨肌肉已经恢复到正常状态，那么可以判断为正常的肌肉疲劳。

脉搏可以通过测量早晨的脉搏、运动前的脉搏、运动后的脉搏以及恢复期的脉搏来评估疲劳的程度。脉搏的频率上升与身体的疲劳度是正相关的。

对于呼吸肌的耐力测试，可以连续进行 5 次肺活量的测量，每次测量间隔为 30 秒，当感到疲劳时，肺活量会逐渐减少。

对于短跑和跨栏的运动员来说，他们的神经反应速度快，灵活度高，但在疲劳状态下反应时间会变得更长。

通过测量皮肤的空间阈值，我们可以确定皮肤对两个点的定位感知。在运动后感到疲惫的情况下，皮肤的触觉功能会减弱，如果运动后的疲劳程度比静止状态高出 1.5 倍或更多，则为轻度疲劳，而超过 2 倍则为重度疲劳。

（3）生化指标测定与判断

常用指标有：血红蛋白、血乳酸、尿素氮、血氨、尿蛋白、血睾酮等，通过测定这些生化指标，可以了解身体对负荷量和强度的适应情况和疲劳程度。

（二）超量恢复理论

在我国，超量恢复原理被认为是运动训练的核心理论之一。在实际的训练过程中，这一原理得到了广大的认可和接纳，它已经成为竞技体育中的核心理论和训练准则。在进行运动的过程中，消耗掉的能源物质不仅有可能回到其原始状态，而且在一段时间里还可能出现超出这一状态的情况，这种现象被称作超量恢复。超量恢复是一个客观的现象，其恢复的速度和所需时间都与消耗的强度有关。在特定的范围内，肌肉的活跃度越高，消耗的强度越大，超量恢复的情况也就越为明显。这也是为什么在训练中需要达到"超负荷"，即超出了适应的负荷的一个主要原因。当运动的压力超出了生理所能接受的界限时，恢复进程可能会受到延迟。经过实际的运动经验，运动员在超量恢复的时期参与训练和比赛，可以有效提升训练成果并在竞赛中取得出色的表现。

1. 超量恢复原理的提出

苏联学者雅姆波斯卡娅提出了超量恢复的理念。她指出，在适当的刺激强度条件下，运动肌糖原的消耗量会随着刺激强度的增加而上升。在恢复过程的某一阶段，消耗的物质会超出其原始数量，这一阶段被称作超量恢复。超量恢复的数量与其消耗的过程密切相关，在特定的范围内，消耗的数量越大，超量恢复带来的效益就越突出。

随着时间的推移，"超量恢复"的理念在运动生理学、生化学以及运动训练领域得到了广大的认同和接纳。这一原理在众多的研究项目、学术著作和教学材料中都有所引用，被视为指导运动训练的"核心理论"。直到现在，超量恢复的理念在运动生理学、生物化学和训练领域依然占据着核心地位。基于此，有学者提出了在肌肉活动中，物质消耗的超量恢复原则以及运动后恢复阶段物质恢复的异时性原则。

2. 超量恢复与运动训练

从运动训练目标的角度看，运动负荷的过程并不是真正的训练目标，它仅仅是提高竞技能力的基础条件。真正实现竞技能力的增长，是在训练负荷结束后的恢复阶段。这个恢复过程不仅是为了维护身体内部的相对平衡和补偿消耗的能量，更关键的是要尽可能地实现超量的恢复，从而获得更多的物质再生。

超量恢复是一种增强人体功能的生理过程，身体会通过不断加大训练的压力来实现这种超量恢复，从而逐渐提升其在竞技中的表现。"超量恢复理论"的建立，不只是为人们提供了解释运动训练成果的理论支撑，同时也是指导实际训练和制定训练策略的关键参考。当我们恰当地应用超量恢复的理念时，身体的锻炼和训练可以获得最理想的成果。在特定的生理条件下，尽可能增强人体的功能和整体健康状况；身体运动的不同性质能够导致各种营养成分和功能的过度恢复。

（三）运动恢复的方法

目前，运动恢复理论已经成为一个融合了生物学、教育学、心理学和社会学的全新系统恢复理论。因此，在讨论运动恢复的策略时，我们应该从生物学恢复、教育学恢复、心理学恢复和社会学恢复这四个方面进行全面的探讨。不能仅关注训练和竞赛后身体的生物学恢复，而忽视了教育、心理和社会在运动员恢复过程中的关键作用。

1. 利用教育学手段进行加强恢复

教育学恢复指的是，在进行运动训练时，根据训练的目标和任务，合理规划训练内容、使用的方法、运动的压力、恢复所需的时间以及恢复的策略等，从而更好地促进恢复的过程。

在恢复问题上，教育学的恢复措施占据了核心地位，这些措施是通过科学地组织训练来推动恢复工作的。在制订训练计划的过程中，教练会依据运动员的身体健康状况来设计训练方案，合理地分配运动负荷，并严格控制每一个练习项目的强度和休息时间。这种做法不仅有助于疲劳的快速恢复，同时也不会对训练的整体质量造成不良影响。

我们强调采用多种训练方法，目的是减少单调训练可能带来的疲惫和厌倦，从而增强运动员对训练内容的热情，并让他们在训练过程中感受到新奇的体验。训练中既要有适当的负荷，同时也要进行短暂的调整和休息恢复，这样可以帮助运动员更好地完成他们的训练目标。

经过高强度的锻炼后，通过逐步减少强度的身体调整训练，可以帮助身体功能回到练习前的状态。在培训课程中，融入一些轻松、愉悦且有节奏的练习可以帮助运动员更好地恢复。一些体育强国正在努力调整他们的训练模式，例如集中每节课的训练内容，增加训练的强度，缩减单节课的训练时长，增加两节课之间的休息时间，以及加强两节课之间的休息和身体恢复措施。这样可以有效地消除运动员在上一节课时的疲劳，从而确保下一节课的训练效果。[①]

2. 利用心理学手段进行加强恢复

现代田径运动不仅仅是在体能和技术方面的竞争，更多的是一场精神层面的较量。科学研究已经证实，运动员在心理能量方面的消耗是其身体能量消耗的四到五倍。相较于消除身体疲劳，缓解由心理因素引发的疲劳所需的时间更长，并且中枢神经系统是人体中最容易出现疲劳的区域。在训练和比赛结束后，实施心理调适措施可以有效恢复工作能力，这不仅可以减少神经的紧张度，缓解心理压抑，还能加速消耗的神经能量的恢复，从而对身体其他器官系统的快速恢复产生显著影响。

无论是在训练阶段还是在比赛中，心理力量都对运动员的体能表现起到至关重要的作用。高效的心理恢复可以帮助运动员更好地理解和应对训练中遇到的挑战，增强他们的抵抗干扰的能力，使他们更加专注于当前的训练和比赛。这种方法能够消除运动员对过去的懊悔和对未来的担忧，从而消除他们的"胜利恐惧"心态和害怕失败的心态，使得他们能够更准确地完成动作，并对内外部的刺激做出更迅速、更有力的反应，最终实现最佳的工作表现和训练效果。

3. 利用生物学手段进行加强恢复

生物学恢复主要集中在身体功能和体能的恢复上，其核心目标是提升体内细胞的代谢效率，从而为增强体能提供必要的物质支持。

在目前的田径运动训练中，我们期望运动员能够以最高的速度和强度来完成他们的训练目标。由于能量和物质的快速消耗，身体的各个器官，如肌肉和呼吸，都容易感到疲惫，因此，进行生物学的恢复是非常

---

① 马志高、李良刚. 田径运动训练理论与方法探析 [J]. 当代体育科技，2015
(2)：49—50.

必要的。生物学恢复的核心理论主要基于超量恢复的理念。运动结束后的恢复阶段主要是储存能量和提升身体机能的阶段。运动结束后，为了能够迅速地恢复并超越之前的表现，我们应该通过加强训练来获得更好的成绩。这不仅可以在生理上加速身体机能的恢复，还可以确保运动员在未来的训练和比赛中保持充沛的体力，从而保证训练的高质量。

现阶段，生物学恢复被广泛认为是最有效的恢复方式，它主要依赖于医学、营养学等领域的技术和方法来助力身体功能的快速恢复。医学恢复措施在提高身体工作效率和预防身体过度负荷导致的各种负面影响中占据了独特的位置。其中，营养被认为是增强工作能力和加快体能恢复的关键因素之一。运动员通过饮食来补充消耗的能量，因此需要确保各种营养成分得到合理地组合。

4. 利用社会学手段进行加强恢复

社会学恢复是一种特殊的恢复方式，它通过信息交换，改善运动员的社交关系和人际关系，优化他们的学习、训练和生活环境，从而促进运动员的身心恢复。通过社交技能的恢复，运动员可以向有助于塑造理想竞技状态和提升其综合能力的方向前进。

作为一名杰出的运动员，在社会中的恢复和协调是至关重要的。我们不能与社会保持距离，甚至与社会产生冲突，也不能使社会适应我们，这无疑会对我们自己和整个社会带来损害。社会性恢复的核心是调整这种关系，确保人体的恢复需求与社会的需求保持一致，从而减少社会心理的紧张和压力。不良的社会氛围和公众舆论可能会对运动员的身体和心理健康以及康复产生不良影响，甚至可能导致他们提前终止运动生涯。在国内顶尖的运动团队中，由于运动员与教练、队员和管理层之间的关系紧张和存在矛盾，这不仅影响了他们的恢复进程，还可能导致他们的离队，这样的经验教训是不能被轻视的。

综合考虑，一个完备的恢复过程的理论框架应当涵盖生物学、教育学、心理学以及社会学等多个领域。系统性地恢复是提升运动员运动表现的关键策略之一。众多的实际经验都显示，缓解由心理或社交因素导致的疲惫所需的时长，远超过缓解生理疲劳所需的时长。因此，在恢复的旅程中，我们绝对不能忽略心理和社会恢复所带来的正面影响。

(四) 提高运动恢复效果

想要在田径赛场上脱颖而出的关键因素之一，是运动员拥有出色的身体素质。体能水平在很大程度上取决于营养补给。因此，在训练过程中，如何有效地进行恢复和消除疲劳，作为训练的一个关键环节，显得尤为重要。基于前辈们对于恢复方法的深入分析和期望，我们重新审视了运动恢复的概念，并为如何增强运动恢复的效果给出了若干建议。

1. 运动恢复具有系统性

为了全面恢复运动员的身体、情感、智慧、精神和社交能力，我们需要从他们的生理、心理、社交和教育等多个维度出发进行运动恢复。例如：维持身体的高度活力、情感的平稳、大脑的高度活跃、在精神压力下的适应性，并拥有和谐的人与人之间的关系以及角色的实现能力。

在过去，人们对于恢复的理解主要集中在生物学的探讨随着社会的不断发展，田径运动也在不断壮大，其中心理和社会的恢复成为运动康复的关键环节，这不仅推动了田径运动水平的进一步提升，还促进了运动员个性的全方位发展。

2. 运动恢复具有计划性

在制定田径运动的训练方案时，我们将所有的运动恢复方法都纳入其中，并根据预定的计划进行合理地实施，这被视为训练的基本原则和方法，并认为运动恢复与运动训练具有同样的重要性。

要实现这一目标，关键在于提升田径教练对于运动恢复阶段的理解，并将其视为运动训练中不可或缺的一环。在设计和实施训练计划时，我们应根据各个项目的独特性质，合理地规划和使用各种恢复策略，这对于确保训练的高质量和提升运动表现是至关重要的。

3. 运动恢复具有差异性

在设计训练方案、执行实际训练以及比赛结束后的恢复策略时，我们应当考虑到每位运动员的特定需求，例如他们的年纪、性别、项目的独特性、身体状况、运动训练的方法、压力状况，以及他们的身心特质和身体、心理的调节能力等，从而制定出合适的恢复策略。

4．运动恢复具有持续性

无论是在运动员的训练阶段还是比赛的前期、中期和后期，运动恢复的策略都应当始终如一，这构成了运动员日常生活的核心部分。在完成训练后，以及在训练的不同阶段或组与组之间的休息时间里，应进行积极的休息和情绪调节，以减轻运动可能导致的肌肉酸痛，避免因训练内容单调而产生的疲劳感，提升身心的能量储备，从而实现健康的训练和比赛目标。

在研究运动恢复方面，研究主要集中在运动训练后的恢复阶段，过分强调了运动训练后恢复的重要性，却忽视了运动恢复在训练前和训练中对运动员提升训练效果的关键作用。因此，在未来的训练过程中，应更加重视运动恢复的持续性。

第二节　田径运动科学化训练研究

一、田径运动科学化训练概述

（一）田径科学化训练的含义

一些学者持有这样的观点：训练科学化意味着对整个训练过程进行科学的管理和控制，它代表了在运动训练中对训练科学、理论、方法和技术的全方位和广泛应用。它的核心思想是持续增加在训练中的智慧资源，并提升其科技成分。训练科学化至少包含以下含义。

一是对训练周期的科学控制。

二是对训练工作的每一个环节的科学控制。

三是对各项训练科学指标的深刻理解和合理使用，对训练经验的合理解释。

四是阐述训练科学综合集成技术的形成。

五是对运动项目的本质及制胜规律的把握。

现代运动训练科学化的定义是：当"化"这个字代表一个运动过程

时，运动训练科学化是指运用科学的理论、方法、科技成果和先进的组织管理方式，有效地控制运动训练的整个过程，从而实现理想的目标的动态过程。当我们用"化"这个字来描述一个具体的水平时，意味着我们已经可以成功地将科学的原理、技巧和前沿技术融入运动训练的每一个环节，并能够对整个运动训练过程进行有效管理。田径的科学化训练是指在田径训练过程中，运用最先进的科学理论、科学方法、科技成果和科学的组织管理方式，以有效地组织田径训练的整个过程，从而实现最高的理想目标。

科学化训练的核心目标是对整个训练流程进行科学管理和控制。为了对田径的科学训练有一个深入且明确地了解，我们需要从影响田径科学训练的关键指标开始。[①]

（二）田径科学化训练的各影响因素分析

1. 科学技术

在这个科技迅猛发展并迅速转化为实际生产力的时代，科技逐渐变成了经济增长和社会进步中最具活力的元素和最主要的驱动力，并持续影响着体育运动的各个方面。在现代科学训练中，科技的角色变得越来越重要。随着相关体育学科的出现，运动方法和技术不仅变得更加科学，而且运动成绩也有了显著提升。得益于科学和技术的支持，执行训练的教练团队的整体素质持续上升，更多的科研设备和训练工具被广泛地运用于体育实践中，运动训练的监控指标体系日益健全，而运动训练的组织方式也变得更为合理。

2. 科学管理

泰罗将科学管理的理念总结为：基于科学的方法，而不仅仅是依赖经验；我们追求的是和谐，而非合作；我们应该更多地合作，而不是过于追求个人利益；以尽可能高的产出替代有限的产出，确保每个人都能展现出最佳的工作效能，从而实现最大程度的成功。

田径运动的科学化训练涉及多个学科的专家，如教练、生物学权

威、管理精英、医疗工作者、计算机技术专家、仪器操作专家和营养学专家等。这涉及多个科研项目的资金分配和体育设备的高效使用。因此，在体育科学领域，科学管理意味着管理者需要通过精心的计划、组织、监控和调整，确保运动训练活动中的人员、资金和物资都得到合理地配置和优化，从而确保每个人都能充分发挥其潜能，充分发挥自己的才能，并最终实现最大的成功。显然，科学的管理方式在寻求最优的工作策略、追求最大的生产效益以及利用科学知识指导体育训练时，其重要性将日益凸显。然而，在田径的科学化训练中，哪些因素是主导科学管理的核心要素呢？基于对专家问卷的综合分析和评估，我们发现在田径的科学化训练实践中，教练员在训练过程的科学管理以及各级领导和训练管理人员的科技意识方面起着至关重要的作用。接下来是各个层级的领导与培训管理人员的决策技巧和能力、田径训练的科学化管理结构，以及我国竞技体育的整体体制。

3. 条件保障

在如今的运动训练日益科学化的背景下，仅仅依赖教练员的能力和素质来实施训练是不足够的，还需要更多的物质支持。只有当经济状况达标时，这些上层建筑的各种活动才能得到充分地支持和保障。对运动训练科学化进程有直接影响的物质支持条件主要可以归纳为三类：第一类包括场地、设备以及训练所需的各种器材和装备；第二类是各种科学技术仪器和设备在运动训练中的应用；第三类是为田径的科学化训练分配科研资金。为了使运动训练更为科学，第一类条件是至关重要的，它为运动训练提供了必要的物质支持，随着我国经济能力的增长，我们应该持续推进其现代化进程。然而，第二类和第三类的重要性更为突出，它们直接决定了运动训练科学化实践活动的每一个环节，是确保运动训练科学化实施的关键前提，同时也是衡量运动训练科学化程度的重要指标。正因为有了这些必要条件作为支撑，田径的科学训练才能持续、健康、稳定地进步。经过对各种文献资料的细致梳理和专家的深入评估，我们得出的结论是：与田径训练的科学化相关的设备和资金投入是至关重要的。具体来说，首先是田径训练场地及其相关设施的科学程度，其次是田径运动员选拔的科学标准，最后是对与田径训练相关的信息的深入研究和收集。

4. 社会环境

随着政治、文化和经济的进步，任何事物都会相应地发展。体育也不是例外，一个稳定的政治氛围是体育能够持续发展的基础条件。经济为体育的进步提供了强大的推动力，文化为一个国家的体育进步提供了强大的精神支撑，我国拥有深厚的乒乓球文化传统，这使得我国的乒乓球在国际舞台上独树一帜。尽管田径是最能全面发展人体能力的项目，但其普及性仍然较低。因此，我们需要对田径有深入的了解，培养健康的田径文化，并积极地参与田径训练。依据专家的评估结果，在影响田径训练科学化的各种社会环境指标中，社会经济发展水平的影响最为显著，其次是社会政治和社会文化发展水平。

（三）田径科学化训练的实践途径

田径的科学化训练中，一个显著的特点是对田径运动的训练过程进行科学管理，以确保达到预定的训练目的。显然，在科学训练中，控制已经变成了一个核心观念。在体育训练的领域内，存在两种主要的控制策略：一是模式训练法，二是程序训练法。这两个训练策略都采纳了封闭式的方法，并根据主体和客体的互动方向来区分正向控制通道与反馈调节通道。

从运动训练的多个方面来看，无论是一堂简单的运动员训练课，还是整个运动员的发展规划，都与模型和控制机制有着紧密的联系。例如，在俄罗斯，这种模型化的控制方法已经被广大领域所采纳。无论是在运动训练的理论研究还是实际应用中，都高度重视模型的构建。他们普遍认为，在探索未知领域时，可以利用专业仪器先行建立模型。在运动训练的过程中，模型的调整是至关重要的，目的是提高训练的准确性，但不能仅仅依赖机械方法，而是需要在实际操作中进行持续的调整和优化。

运动训练旨在增强运动员的竞技实力，并确保他们在比赛中取得出色的表现。为了达到这个目标，我们必须对运动员在体能、技巧、策略和心态等方面实施科学的管理和控制。只有当运动员在这些领域的训练都达到了相当高的标准，他们才有机会取得出色的运动表现。那么，我们应该如何达成这一目标呢？控制论主张这是一种反馈机制。反馈即系统将其活动成果的相关信息反馈给用户，并据此来调整接下来的行动计划，确保这些行动都是围绕特定的目标进行的。科学化的训练方法是基于训练的目标，详细描述实现这些目标所需的条件，构建模型，并通过科学的方法来控制训练流程，使其接近于一个理想的模型，从而达到预定的目标。

实施科学化的训练需要依赖于科学的理论、技术和方法，通过对训练的科学评估，进而建立一个理想的目标和模型；通过对运动训练实践成果与预定目标模型之间的差异进行分析，训练实施者能够对训练理论和方法做出适当的调整，以使运动训练水平趋近于理想状态，并通过反馈机制来实现科学化地训练。

二、高校田径运动训练的科学化研究

（一）高校田径运动科学化训练概述

1. 高校田径运动科学化训练的特点

课余田径科学化训练作为我国田径运动整体训练体系的一个环节，与一般田径运动训练相比，有其自身的特点。

（1）高校田径运动科学化训练的基础性

在高等教育机构中，田径运动的科学化训练主要集中在基础训练上，这一点是由学生的年龄特性和田径运动员的职业发展规律共同决定的。一个田径选手要想成为合格的运动员，通常需要经历从基础训练到初级专项训练，再到专项能力提升训练的多个阶段。学生正处在成长和发展中，他们的思维方式、道德观念以及身体功能都处于一个成熟和发展的时期。因此，在这个阶段的田径训练中，我们应该重点关注身体素质和基本技能的培养，不应过早地期望他们在某一特定领域达到更高的水平，而应该注重全方位的基础训练，为他们未来取得卓越表现奠定坚实的基础。

（2）高校田径运动科学化训练时间的课余性

学生应把学习视为首要任务，参与田径运动的训练应在课余时间或假期中进行，确保学生既能参与田径运动的训练，又能顺利完成学习目标。通常情况下，考虑到学期和学年的周期性特征，学校上课时应以文化学习为核心，训练为补充。而在寒假、暑假或短期集训时，田径运动训练可以作为主要训练，文化学习作为补充，可以选择全天或半天的训练模式。

（3）高校田径运动科学化训练对象的广泛性

所谓的训练对象的广泛性，是指那些愿意在课余时间参与田径运动训练的学生，无论他们的成绩如何或是否具有运动天赋，都有资格参与田径训练。通常，能作为大学田径代表队成员参与训练的运动员数量相对较少，这可能导致未来具有发展潜力的少数田径专家被排除在训练范围之外。因此，最佳的训练方式是采用大众田径俱乐部的模式，将参与者分为热爱田径的小组（田径运动队）和追求提高的小组（田径代表队）。如此一来，参与田径课外训练的团队将变得更为多元化。

（4）高校田径运动科学化训练与健全人格的塑造性

在学习的这一阶段，塑造正确的人生观、世界观以及完善的人格特质显得尤为关键。学生在思想道德、行为规范以及心理品质等方面都正处于成长和发展的关键时期，这为他们提供了一个培养团队合作、坚持不懈、努力奋斗精神以及抵抗挫折能力的优质环境。因此，我们应当充分发挥高等教育机构在田径运动科学训练方面的强大教育作用，将教育融入训练过程中，从而为培养具备全面人格特质的优秀田径后备人才奠定坚实的基础。

（5）高校田径运动科学化训练校园体育文化的传承性

校园体育文化构成了体育文化的核心部分，而在高等教育机构中，田径运动的科学训练则是校园体育文化的一个关键组成部分。参与高校田径运动科学化训练的人以及高校其他成员都是体育文化传承的接受者。这种训练方式能激发人们对课后田径训练的自我超越、坚持不懈的努力，以及团队合作的精神和品质产生强烈的情感共鸣和体验，从而有助于田径运动的传承和推广。

（6）高校田径运动科学化训练高校特色的最佳表现性

在高等教育机构中，田径运动的科学化训练不仅是课后体育活动中的一个关键环节，也是大学体育教育的一个重要组成部分。它是实现"德、智、体、美、劳"全面发展教育目标的一个重要环节，同时也是展示大学精神风貌、文化修养、体育传统和特色的最佳方式。

2. 高校田径运动科学化训练的任务

在高等教育机构中，田径运动的科学化训练主要目标是为学生提供全方位的身体锻炼，以增强他们的身体素质。同时，学生还需要掌握田径相关的专业技术和战术，以便为将来专注于田径训练、提升运动技术水平，以及在身体、技术、战术、思想品质和心理素质等多个方面打下坚实的基础。

（1）全面提高身体素质，提高运动能力

学生们正处于生长和发育的关键时期，他们需要有健壮的身体和稳健的心理状态。为了促进其身体和心灵的全方位成长，我们应当重视身体锻炼，确保身体健康成长，增强生理功能，并全方位地提升身体健康状况。在这个基础之上，逐渐提升学生的专业素质和专项运动能力。学生的训练被视为基础训练阶段，其目的是为初级专项训练和高级专项提升训练培养出杰出的后备人才，因此，全方位地发展成了高等教育机构田径运动科学化训练的核心任务。[①]

（2）培养群体活动骨干，发现、培养与输送优秀的田径后备人才

通过参与课后的田径训练和比赛活动，学生的各种能力都可以得到全面地发展和展示。这不仅能让那些具有天赋和未来潜力成为优秀选手的年轻人崭露头角，还能为高等教育机构在开展各种群众性体育活动方面培养田径项目的核心人才，同时也能为更高级别的高校和业余体育学校选拔、培养和输送优秀的田径预备人才。

（3）终身体育锻炼的教育

一个人在学校里从事科学的田径训练或竞技体育只是他生命中的短暂时光，他的大部分时间都在学习和工作中度过，因此，他需要通过体育锻炼来促进身体和心灵的健康。课后的训练方式和工具不仅具备竞技性质，还拥有健身的双重作用。因此，高校田径运动的科学化训练不仅可以提升学生的身心健康和技术水平，实现提高运动成绩的目标，还可以培养他们的终身体育锻炼意识，掌握终身体育锻炼的方法和手段，养成终身体育锻

---

① 徐延涛. 田径运动训练的科学化发展探析［M］. 长春：吉林大学出版社，2016.

炼的习惯，使他们终身受益。

（4）利用体育功能，进行思想、体育道德教育

一个完善的田径训练实际上是教育和培养人才的双重过程。体育活动和课后训练是一个相对较小的社交活动。在这些活动中，需要妥善处理各种人际关系，培养学生的竞争意识、良好的体育道德观念和坚韧不拔的意志，通过这些训练活动帮助学生建立正确的人生观和价值观。

（二）高校田径科学化训练的原则

学校的课后田径训练原则是基于田径运动训练的固有规律制定的，这是组织高校田径运动科学化训练时必须遵守的核心准则。这些原则反映了高校田径运动的科学训练模式，并对高校田径运动的科学训练实践具有广泛的指导作用。在高等教育机构中，田径运动的科学化训练遵循几个核心原则，包括：将常规训练与专业训练相融合的原则、系统化的训练原则、周期性训练原则、合适的运动负荷原则、差异化对待原则、激励动机的原则、满足竞技需求的原则以及有效控制的原则等。

1. 一般训练与专项训练相结合原则

一般训练与专项训练相结合，可以使学生身体、技术得到全面发展，提高训练效果。贯彻一般训练与专项训练相结合原则应注意以下内容。

（1）安排好一般训练和专项训练的比重

常规训练和专项训练应该在多年和全年的训练中持续进行，它们的比重可以根据学生的能力、年龄、项目的特点和不同的训练阶段来确定。对于初学者和训练水平不高的人来说，普通训练的比例应该更高；随着训练质量的持续提升，专门针对某一领域的训练所占的比例也逐渐增加。

（2）选择好一般训练的内容

常规的训练内容是为了满足特定专项训练的标准。在常规训练中，应选择那些可以显著增强各器官系统的功能、全方位提升身体健康，并有助于学生熟练掌握特定技能的练习项目。

（3）形式方法多样化、实用化和有趣化

常规的训练和特定的训练方法应当具有多样性、实用性和趣味性，以满足学生的身心需求，并能在各种不同类型的训练环境中灵活应用。

2.　系统性原则

系统性原则是基于对知识、技术、技能的掌握以及形成条件反射的暂时性联系的需求而被提出的。由于知识、技能和技术之间存在紧密的联系，条件反射的建立和稳固需要持续不断地进行系统性的训练，这样才能培养出正确的动作技巧，并进一步提升身体和技术训练的效果。在实施系统性原则时，我们需要关注以下几个方面。

（1）在系统训练中逐步提高要求

在每一个训练阶段以及每一次的训练课程中，都应该建立紧密的联系，确保整个训练流程的每一个环节都是连贯、系统的，这样可以对学生在身体、技能、战术等多个方面产生积极的影响，为他们创造更好的表现条件。

（2）合理安排训练的内容和手段

训练内容和手段的选择与安排应遵循由易到难、由浅入深、由已知到未知的规律。

3.　周期性原则

周期性原则是基于竞技状态生成的固有规律提出的。竞技状态通常是通过专业训练来实现的，其发展轨迹大致可以划分为逐步达到、相对稳定以及短暂波动。这3个阶段是密切相关的，构成了一个周期性的循环过程。因此，从一个特定的角度看，运动训练实际上是一个控制竞技状态进展的过程。在实施周期性原则时，我们需要关注以下几个方面。

（1）根据教育规律，安排训练周期

学年、学期或学段的时长可以作为划分学年周期的标准。在一个较大的周期中，我们可以将其划分为中周期和小周期。中周期通常指的是一个训练周期为4~6周，而小周期则是1周。

（2）根据参加比赛划分训练周期

通常情况下，一年内会有两场主要的比赛，这些比赛可以根据学期被划分为两个不同的阶段。例如，春天的田径运动会通常在5月进行，而秋天的田径运动会则是在10月进行，它们可以按照两个周期来安排。每年只举办一场主要的比赛，但可以规划一个较长的训练时期。

（3）根据学生特点，合理安排训练时期

学生的特性主要体现在他们的学习任务和体育基础知识上。对于那些训练能力较强且需要完成大量竞赛任务的学生，他们在竞赛中的时间可以适当延长；对于那些训练水平一般或没有竞赛任务的人，他们的准备时间可以适当延长，这样可以更好地加强基础训练。竞赛的时间可以根据比赛的持续时间尽量缩短，而休息时间应与复习和考试的时间保持一致。

（4）合理安排小周期的训练，保证大周期训练任务的完成

完成大周期的训练任务，依赖于对小周期训练的合理组织和安排。主要任务是精心安排每周的训练活动，这包括周期性训练的次数、质量和强度的综合搭配，以及每次课程中训练方法和手段的确定，还有学习和生活制度等多方面因素的共同作用。小周期任务的执行质量会直接决定中周期甚至整个大周期任务的完成情况，因此，训练周期间的连贯性也是需要特别关注的。

4. 适宜运动负荷原则

适宜运动负荷原则主要是基于疲劳与恢复之间的互动、超量的恢复以及生物适应性原则的相关理论而提出的。经验告诉我们，高强度和大量的运动负荷训练是提升运动表现的核心，但适合学生的运动负荷到底有多大，才能实现最佳的训练成果，这便是如何选择合适的运动负荷的核心问题。在执行适合运动负荷的准则时，以下几点需要特别关注。

（1）根据学生的年龄特点和身体训练水平确定运动负荷

学生在进行体育活动时，不应承受过大的压力，以避免因过度锻炼导致的伤害。此外，在确定运动负荷的时候，除了要考虑学生的身体训练水平，还需要考虑学生的学业负担、饮食营养、作息时间和恢复措施等方面。

（2）要逐渐增加运动负荷

鉴于人体需要一个适应负荷的过程，但这种适应并不是同步发生的，所以我们需要逐步提高运动的负荷。经过一轮高强度的训练后，学生应当得到充分的休息，并适当地安排中等和小强度的训练，以确保他们的身体能够得到适时的恢复和调节。为了增加运动的负荷，我们应当采纳"多次

适应后再增加一次适应"的策略。

（3）要处理好负荷量与负荷强度的关系

负荷量和负荷强度是组成运动负荷的两个重要因素。对于学生而言，在一个训练周期内，首先增加训练量，然后进行适应，最后适当地提高强度，但当训练强度再次增加时，应适当降低训练量。在准备阶段，工作量大而强度小；而在竞赛阶段，工作量小但强度大。在技术训练课程中，强度通常不是很高，但在体能训练课程中，其质量和强度都应当得到提升。

（4）要加强医务监督

我们应该为学生提供必要的生理卫生教育，教会他们自我调节和管理生理压力的技巧，并与教练积极合作，确保他们有足够的休息时间，从而恢复体力，确保训练的效果。

5. 区别对待原则

区别对待的原则意味着在培训过程中，我们需要根据学生的年龄、性别、身体状况、培训程度、教育程度以及他们的心理和思维状态等因素，有目的性地设定他们的心理目标、学习内容、采用的方法、技巧和运动强度。在执行区别对待的原则时，以下几点需要特别关注。

（1）了解学生的个人特点

针对学生实际情况，采取有效措施，因人而异，因材施训。

（2）训练计划要反映专项特点和个人特点

培训方案不仅应满足特定领域的普遍标准和方法，还应考虑到对个体的特定需求。对于关键的队员，我们还可以制定特定的培训方案，确保培训内容与实际情况更为匹配。

（3）在训练过程的各个环节贯彻区别对待原则

对于早操和训练课，除了有共同的标准之外，还需要根据队员的具体情况，在课程内容、训练方式以及运动负荷等多个方面提出差异化的要求。

（三）高校田径科学化训练的内容

1. 身体训练

身体训练可以定义为在体育训练中采用各种高效的策略和手段，以促进学生的身体健康，全方位地提升身体素质和基础活动能力，从而为掌握运动技巧、战术和取得出色的运动成绩奠定坚实的基础。

身体锻炼构成了技术和战术训练的根基。通过科学的身体锻炼方法，可以有效提升运动员的身体功能和体质，为他们进行专业训练和提高运动技巧奠定坚实的身体基础。强健的体魄和出色的身体状况确保了运动员能够掌握前沿技术并经受高强度的训练，从而持续提升他们在特定运动中的表现。

身体锻炼分为普通身体锻炼和特定身体锻炼两部分。普通身体锻炼采用了各种不同的策略和手段，旨在增强运动员的身体健康，提升各个器官系统的功能，全方位地增强身体素质，改进身体的形态和姿态，为未来的专业身体锻炼奠定基础。

专项身体训练是一种与专项紧密相关的专业练习，旨在培养与专项运动技术直接相关的运动素质，确保运动员能够顺利掌握运动技巧和战术，并在比赛中充分发挥他们的运动才华。在高等教育机构中，田径运动的科学训练应主要集中在一般的身体锻炼上，并将其作为专业身体训练的基石。进行身体锻炼时，有几个核心要点需要注意。

（1）身体训练要全面

根据学生的特点，要侧重全面身体训练，使他们身体各器官系统机能和各种身体素质得到全面提高。在此基础上，逐步发展专项身体素质。

（2）训练计划中要有计划地安排身体训练

在多年和全年的训练中，身体训练的占比应根据项目的特性、不同时间段的训练任务和目标的具体情况来确定，而在训练准备阶段，身体训练的比重应高于竞赛期的身体训练比重。

（3）身体训练要注意身体素质发展的敏感期

不同的年龄段，人的身体素质的发展速度是不同的，每个阶段都有一个关键时期，这一时期被称为身体素质发展的敏感时期。因此，我们应该把握这一有利的时机，为学生提供有针对性的培训，确保他们在特定的年龄段得到全面地成长和发展。

（4）严格要求动作质量

身体锻炼往往显得单调和无趣，并且需要大量的体力，这在训练过程中可能会导致对练习效果的忽视。因此，为了确保身体训练达到预期效果，教练员需要清晰地阐述理念，强化检查程序，并对动作的质量持有严格的标准。

2. 技术训练

技术训练指的是一个旨在学习、掌握并提升特定运动技能水平的综合训练过程。技术在提升运动表现上起到了关键作用，只有当我们恰当地掌握了技术，运动员的身体潜能才能得到最大化地展现，从而取得卓越的成绩。在技术培训中，有几个基本的标准和要求。

（1）抓好基本技术训练，并注意与身体训练相结合

身体素质与基本技术之间存在紧密的联系、相互影响和相互推动，因此，在课余时间的训练中，将基本技术训练与身体锻炼紧密结合是至关重要的。在进行技术培训时，我们不应忽视学生的真实需求，应确保他们掌握坚实的技术基础，并避免过于急切地学习高难度的动作和技术。

（2）技术训练要全面、实效、准确、熟练

全面意味着学生需要全方位地掌握构成某一专项的各个环节的技术，而不是过分专注于某一特定的分解技术；实效意味着技术必须是实用的，不能仅仅是华而不实；准确意味着根据特定的技术规范来执行动作，避免进行不必要的操作；熟练意味着技能掌握到熟练的程度。在技术训练中，全面、实效、准确和熟练这几个方面是相互关联和相互依赖的，因此必须严格执行。

（3）允许形成个人技术特点

在培训阶段，除了要求学生遵循统一的技术标准进行实践之外，还需要充分考虑到他们的个性和特点。因此，我们应该根据每个人的具体情况设定不同的标准，确保训练更加贴合他们的实际情况，而不是盲目地模仿杰出运动员的技巧。

（4）安排多项技术训练

在选择技术训练的内容时，我们不仅要考虑从已知到未知，从简单到

复杂的过程，还要确保它们与技术迁移的规律相一致，并进行多种技术的培训。例如，当跳高运动员参与短跑训练或短跑运动员专注于跳高项目时，这不仅有助于提升他们的专业技术能力，还能有效识别相关项目中的优秀人才。

3. 战术训练

战术可以定义为：根据个人与对手的竞技水平和外部环境，合理地分配体能，最大化地利用自己的优势，限制对方的特长，并努力赢得比赛的方法。战术的形成是基于特定的身体和技术训练，并根据比赛的实际需求来制定的。在特定的场合下，如果能够恰当地应用战术和智勇双全的策略，很可能会给对手带来相当大的心理负担。

4. 恢复训练

培训与康复是相互补充的，如果忽视身体锻炼和训练前的准备工作，尤其是训练后的放松和恢复性训练，将恢复训练视为非必需的，那么这门课程就不能被认为是一堂完整的训练课程。尽管高等教育机构在田径运动的科学训练中受到了当前训练环境的制约，某些恢复技巧和方法仍然难以实施，但我们必须坚守恢复训练的理念，因为恢复训练有许多不同的方式，可以根据实际情况灵活应用。

在开始正式的训练之前，伸展运动的节奏是先逐渐伸展以避免扭伤，然后伸展到感觉舒适的位置并停留5～30秒。随后，肌肉组织的紧张度会逐渐减轻，这样可以减轻肌肉的过度紧张，为接下来的训练做好准备。接着，可以稍微增加伸展强度，并在肌肉略显紧张的区域停留大约5～30秒，直到紧张感完全消失或维持原状。这种逐渐的练习方式可以减轻肌肉的过度紧张和拉伤，从而让练习者能够更加安全和轻松地提高他们的伸展能力。此外，在大型比赛结束后，需要一个调整阶段，以确保心理和身体得到充分的恢复，从而实现超量的恢复，这将有利于下一阶段的训练和比赛计划的执行。[①]

---

① 桑梦礼. 田径运动训练损伤的成因与预防研究 [J]. 普洱学院学报，2021(3)：56－58.

5．心理训练

心理训练指的是在体育训练过程中，有意识地对运动员的心理状态和个性特质施加影响，以便他们能在训练和比赛中调整自己的心理状况。随着竞技体育的持续进步，心理健康训练逐渐受到大众的关注，并成为运动训练中的核心部分。

在高等教育机构的田径训练中，根据运动员的年龄、性别和训练水平等因素，我们需要有目标、有计划、有措施地加强他们的心理训练，以培养他们的心理稳定性，使他们能够在任何比赛情况下都能发挥出最佳的训练水平，这也是培养学生良好心理素质的必要条件。

6．思想品德训练

思想品德训练指的是在训练过程中对运动员进行思想品德教育的整个过程。高等教育机构的终极愿景是将学生塑造成具备崇高理想、道德观念、丰富文化修养和严格纪律的新一代人才。在高等教育机构中，田径运动的科学化训练实际上是一个旨在培养和塑造人才的教育活动。因此，在培训过程中，我们应该根据学生的年龄特点和实际需求，提供有针对性的教育，帮助他们明确自己的训练动机，树立正确的训练态度，并在培训中不断磨炼自己的意志和努力拼搏的精神。因此，教练员必须确保通过训练来培养人才，这是完成训练目标的基础，包括以下几个方面。

（1）结合训练和比赛的实际，有目的地进行教育

根据学生在训练和比赛中的表现和思维反应，及时进行教育。教练员在面对如主项与兼项、个人与集体、个人与裁判，以及胜利与失败等情况时，应当把握时机，深入了解运动员的各种思维、情感和行为习惯，并为他们提供有针对性的教育。

（2）采用多种形式进行思想教育

针对不同的目标群体，应采用各种不同的策略和方法，包括说服法、榜样法、讨论、评比比赛、制度规定、奖励与处罚以及家庭访谈等。在选择方法时，应注重其实际效果，既不能停留在口头教诲的层

面，也不能走形式。

（3）严格要求、耐心疏导

一个人的思想和道德品质是逐渐塑造出来的，不能急功近利，只有通过严格的标准和持续的努力，才能逐渐培养出优秀的思维和道德行为。

（4）教练员要严于律己，以身作则

教练员的言行对学生影响很大，因此凡要求学生做到的，自己必须首先做到，言传身教，做学生的表率。

（四）高校田径运动科学化训练的方法

1. 重复训练法

所谓的重复训练法，是指在一个相对恒定的环境中，根据特定的标准多次进行某一特定动作的实践训练。该方法被广泛应用于提升运动员的身体素质，掌握、优化和提升技术和战术，以及培养坚定的意志品质等多个方面。组成重复训练的核心要素包括：负荷量、负荷的强度、负荷的持续时长（包括重复练习的次数和组数）以及休息的时长。

（1）明确目的

通常情况下，当使用重复训练法进行技术培训时，必须严格遵循技术规范来进行训练。在进行身体锻炼时，不应对练习的数量和强度设置过高的标准，而应优先选择简单而有效的方法，以确保训练的精确性并提升训练效果。

（2）正确应用重复训练法

在周期性的比赛项目里，短跑项目主要侧重于提升速度素质，而中长跑项目则主要集中在速度耐力的培养上。在非周期性的项目中，使用跳跃和投掷的方法，不仅可以加强和提升技术，还能培养绝对力量、速度力量和专项耐力等。

（3）提高学生的兴趣

鉴于重复训练法的练习环境相对稳定且单调，学生的集中力也不能维持很长时间，教练应当结合游戏和比赛等多种方式来激发学生的训练热情。

2. 变换训练法

变换训练法是一种在训练过程中，有针对性地在变化的练习条件下进行训练的方法。构建变换训练法的核心元素包括负荷指数、动作的技术要点、训练环境和条件等。

（1）变换条件应视训练的具体任务而定

针对训练的具体任务和学生在训练中存在的主要问题，有目的地变换练习的负荷、动作的组合、练习的环境和条件等。

（2）变换条件应有助于技术、技能和体能的巩固和提高

在制订训练计划时，应提前明确各种练习条件的变化，按照循序渐进的方式进行，避免突然改变。当我们使用变换训练法时，必须根据学生的具体状况来进行，这不仅有助于他们身体素质的提升，也有助于他们在技术和技能方面的巩固和提升。

（3）掌握好变换条件训练和正常训练的时机

在技术和战术的训练过程中，一旦通过变换训练法实现了预定的训练目标，应立即恢复到正常训练状态，以防止因条件变化导致的训练动力与比赛的正式标准不匹配。

3. 持续训练法

持续训练法描述的是在一个相对较长的时间段里，以相对稳定的强度，连续不断地进行训练的技巧。这种方法经常被应用于增强有氧耐力、技术进步以及专业耐力的培养。持续训练法的核心组成部分包括：负荷的数量、其强度以及持续的时长。持续性的训练方法可以被划分为三大类：持续耐力训练、交替训练以及法特莱克跑步训练。

持续耐力训练法是一种在有氧环境下，以大致一致的速度和负荷强度，完全依据训练目标来确定训练持续时间的耐力训练方法。

持续耐力训练法的基本要求如下。第一，控制好负荷量和负荷强度。鉴于持续耐力训练法需要较长的练习时长和较大的负荷，所以其强度不宜过高。为了实现训练的目标，学生需要培养耐力，这可以通过减

少强度、增加练习时长或适度增加强度和缩短练习时长来实现。第二，根据训练的不同时期，正确地运用持续训练法。在预备阶段，为了培养和维持学生的耐力，训练强度应逐渐提升至中等程度。在比赛过程中，使用较低的强度可以作为一种积极的恢复策略，而中等到较高的强度则有助于维持所需的耐力水平。

交替训练法是一种耐力训练方法，它要求在特定的范围内，通过有计划地调整速度，在某一特定阶段以极高的强度进行训练。这样，机体可以在短时间内积累氧债，在接下来的阶段进一步降低强度，以重新获得所需的补偿。

法特莱克跑训练法是一种允许运动员以任意速度持续跑步的训练方式，它要求练习者根据野外的地形条件，自由选择跑步距离和负荷强度，是一种培养有氧耐力的训练方法。它的显著特性在于重视心理负荷的分配，并通过富有趣味性的游戏方式进行训练，同时也强调运动员需要具备一定程度的自我管理能力。因此，这非常适合教学训练。

4. 循环训练法

循环训练法是一种根据具体训练任务来建立多个练习站的方法，其中运动员需要按照预定的顺序和路线逐一完成每一个训练站的练习任务，从而实现一种循环往复的训练模式。

循环训练法的组成因素包括：练习的内容和循环的顺序、每个站点的训练负荷和强度、站点之间的休息时间、每个循环的休息时间、站点的数量以及循环的次数。[①]

循环练习的基本形式有以下几种。

（1）流水式

一站接一站地进行练习。特点是练习站较多，循环一周的时间长。

（2）轮换式

参训者被划分为多个小组，每个小组在相同的时间段内进行不同内

---

① 邹建世. 现代田径运动训练的主要特征研究［J］. 当代体育科技，2021（14）：84—86.

容的练习，并按照预定的时间分组进行轮换。它的显著特点是所设立的站点较少，并且练习的时间周期也相对较短。

（3）分配式

计划建立 10 个或更多的训练站点，并根据运动员的实际需求来确定每个人的训练内容和次数。它的显著特点是拥有众多的站点和使用的设备，但始终坚持差异化的训练策略。

循环训练法的基本要求有如下。

根据训练任务，确定循环训练法各站的内容和站的数量。学生应当已经对练习内容有基本的了解，而练习的顺序则应根据对人体各器官系统和肌肉施加力量的部位的具体需求来进行相应的调整。同时，要确保与培养各种身体素质的训练能够交替进行。站点的数量通常建议为 6～8 个。

针对学生的特点，因人而异地确定循环训练的负荷。在规划负荷时，我们需要从每个站点的练习数量、强度、休息时长以及循环频率等多个维度来进行考量。每个站点的工作负荷通常是学生能够承受的最大负荷的 1/3 到 1/2。一个循环周期大约持续 5～20 分钟，各个站点之间的间隔时间是 15～20 秒。

5．竞赛训练法

竞赛训练法描述的是运动员在特定竞赛环境中的训练方式。竞赛训练法包括游戏性竞赛、训练性竞赛、身体素质竞赛、测验性竞赛以及适应性竞赛训练法等多种形式。采用竞赛训练法不仅有助于提升训练质量，同时也有助于培养比赛所需的心理素质。它的基础要求包括以下几个方面。

（1）符合学生的基本特征

在实施竞赛训练法的过程中，我们需要根据特定的训练需求来选择与学生特性相匹配的竞赛内容和方式，同时也要确保不会因为比赛压力过大而妨碍训练任务和内容的顺利完成。

（2）重视对学生进行思想品德教育和心理品质培养

在竞赛训练的过程中，学生会尽全力去战胜对手，但有时也会出现不遵守规则的行为。因此，教练员需要及时调整学生的情绪，以提高学生的自律能力。与此同时，我们需要有计划地强化对比赛中所需的心理特质的培育。

（3）注意时机的选择

通常情况下，在运动技巧还未完全掌握或感到疲惫的时候，不建议使用竞赛的训练方法，以避免对刚开始形成但还未稳固的动作技巧产生不良影响。

在高等教育机构的田径运动科学化训练中，上述训练手段是经常被采用的核心方法。每种方法都有其独特的性质和功能，因此在实际操作中，我们应该根据训练的目标、参与者的能力、项目的特性、季节和气候以及场地的设备条件来灵活应用。

参考文献

[1]曹电康.信息化时代体育教学思维转变及其改革发展探索[M].北京：中国水利水电出版社,2018.

[2]郭贤锋.线上线下体育教学融合探索[J].新体育,2022(18):58—60.

[3]韩改玲,朱春山,孙有平,等.运动训练学课程思政元素及其融入课堂教学的实践探索[J].体育学刊,2022(1):111—117.

[4]何展强.体育教学促进学生个性发展的研究[J].新课程研究,2017(6):7—9.

[5]蒋宁.传统与现代交汇下的体育教学改革探索[M].成都:西南交通大学出版社,2016.

[6]邱天.高校体育创新思维的教学与实践[M].厦门:厦门大学出版社,2020.

[7]任斌.高校篮球教学方法与教学创新思维的融合问题研究[J].当代体育科技,2021(14):130—132.

[8]苏水生."体育思维教学"的理论基础[J].课程教育研究,2017(24):230—231.

[9]韦勇兵,申云霞,汤先军.体育教学与运动技能分析[M].长春:吉林人民出版社,2019.

[10]臧耀先.学生自主参与体育运动的创新实践研究[J].冰雪体育创新研究,2021(6):83—84.

[11]张雪,张文治.在体育教学中培养学生创新意识和实践能力的策略研究[J].科技视界,2018(18):88—89.

[12]周勇.基于树人理念的大学体育体教融合教学创新与实践[J].柳州职业技术学院学报,2022(4):119—123.

[13]朱波涌,周家金.田径运动教学与训练实践研究[M].成都:西南交通大学出版社,2016.